어휘를 알아야 만점을 잡는다!

스토리텔링식 신교과서 학습을 위한

마법의 상위권 어휘

초등 2-1 단계

WISDOM HOUSE 마법스쿨

상위권이 되려면 어휘부터 잡아라!

학교 공부란 책을 읽고 그 속에 담긴 지식과 생각을 바르게 이해하고, 자기 생각을 말과 글을 통해 정확히 표현하는 것입니다. 그러므로 학교 공부는 다양한 내용의 어휘를 마음껏 부리어 사용하는 활동이라고 해도 지나친 말이 아닙니다. 학교 공부를 잘하려면 어휘력이 있어야 한다는 말은 그래서 나온 것입니다. 어휘력이 높은 학생이 그렇지 못한 학생보다 좋은 성적을 받고 있는 것은 실험을 통해서도 확인이 된 사실입니다.

어휘력을 키우기 위해서는 어휘 공부를 별도로 해야 합니다. 책을 많이 읽으면 일반 생활 어휘는 익힐 수 있습니다. 그러나 교과서에 나오는 학습 어휘, 예를 들어 축척·등고선·침식·퇴적과 같은 어휘는 동화책이나 인물 이야기에서는 배우기 어렵습니다. 이러한 학습 어휘는 학교 공부에서 중요한 역할을 하기 때문에 따로 배우지 않으면 안 됩니다. 〈마법의 상위권 어휘〉는 학습 어휘를 재미있게 배울 수 있도록 만든 좋은 어휘 교재입니다.

그런데 이러한 학습 어휘는 대부분 한자로 되어 있지요. 그래서 어휘 공부를 하려면 한자를 함께 배우지 않으면 안 됩니다. 문제는 한자 학습법이 아직도 '무조건 외워라' 하고 강요하는 방식이라는 점이지요. 하지만 이제는 바꿔야 합니다. 무조건 외우는 천자문식 학습법 대신, 이 책에서 소개하는 연상 암기법으로 한자를 익히면 쉽고 재미있게 한자를 익힐 수 있을 것입니다. 학습 어휘도 배우면서 초등 필수 한자도 익힐 수 있는 일석이조 학습은 〈마법의 상위권 어휘〉만의 자랑입니다.

> **한자 공부는 어휘 학습에 꼭 필요해요.**

박원길 전주 성심여고 교사
〈한자 암기 박사〉
〈국가대표 한자〉 저자.
〈마법의 상위권 어휘〉 감수 위원.

상위권 도약의 비결,
바로 언어 사고력을 키워 주는 어휘 학습!

상담을 위해 저를 찾은 학부모님들 중에는 이런 말씀을 하시는 분들이 참 많습니다. 1, 2학년 때만 해도 상위권을 유지하던 아이인데, 학년이 올라가니까 성적이 떨어지고, 공부도 싫어한다는 겁니다. 이런 아이들을 살펴보면, 학습지나 문제집에서 많이 보았던 문제는 잘 풀지만, 조금만 낯선 유형의 문제가 나와도 당황하여 포기하고 말지요. 학년이 올라갈수록 공부는 점점 더 어려워집니다. 어려운 개념도 많이 등장하고, 응용력과 사고력을 요구하는 다양한 유형의 문제들이 많이 나옵니다. 하지만 단순 반복적인 학습지, 그대로 떠먹여 주는 공부법에 익숙해지면, 시험 문제를 풀 때도 머리로 생각하기보다 습관처럼 손이 먼저 움직이기 마련입니다. 당연히 낯선 지문, 낯선 유형의 문제에는 손이 가지 않겠지요.

이 세상의 지문과 문제를 모두 풀어 볼 수는 없습니다. 그래서 새로운 지문과 문제가 나왔을 때 배우지 않고도 짐작할 수 있는 추론 능력이 필요합니다. 〈마법의 상위권 어휘〉에서는 지문을 읽으면서 어휘의 뜻을 유추하는 훈련을 하고, 어휘를 낱글자별로 뜯어서 분석하는 훈련을 합니다. 이러한 유추와 분석의 과정을 거쳐서 자연스럽게 추론 능력이 생기게 되지요. 이는 오랜 현장 경험을 통해 효과를 검증받은 학습법이기도 합니다. 또 모든 과정이 재미있게 진행되므로 아이들이 싫증 내지 않고 공부할 수 있습니다.

〈마법의 상위권 어휘〉는 상위권 도약을 꿈꾸는 아이들과 학부모들을 위해 마련된 프로그램입니다. 이 책을 만나는 모든 어린이들이 뛰어난 어휘력과 추론 능력을 갖추고 상위권으로 도약하는 기쁨을 맛보기 바랍니다.

김 명 옥 한국학습저력개발원 원장
〈평생성적, 초등 4학년에 결정된다〉,
〈아이의 장점에 집중하라〉 저자.
〈마법의 상위권 어휘〉 기획 자문 위원.

> "
> 어휘 학습으로
> 언어 사고력을
> 키워 주세요.
> "

언어 사고력을 키우는
VIVA 학습법을 공개합니다!

∽∽ 상위권으로 가는 마법의 학습법 ∽∽

Vision 상상

재미있는 이야기 속에서 어휘의 뜻을
상상합니다.

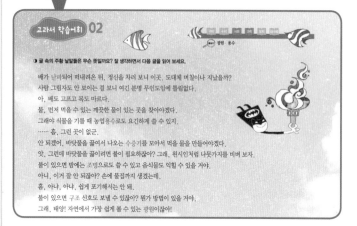

이야기로 익힌다!

- 재미있는 이야기로 공부 부담을 줄입니다.
- 이야기 속에서 어휘의 뜻을 상상하며 유추의 힘을 키웁니다.
- 이야기 속에서 상상한 뜻을 맛보기 문제를 풀며 확인합니다.

Insight 통찰

낱글자 풀이를 보며
어휘의 구성 원리를 터득합니다.

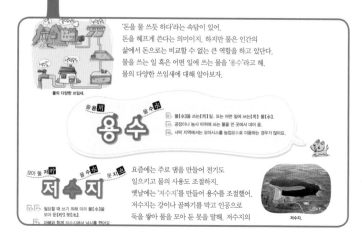

저절로 외워진다!

- 초등학교 학습 어휘의 90퍼센트 이상은 한자 어휘이며,
  한자 어휘는 한자가 둘 이상 모인 복합어입니다.
- 어휘 속에 들어 있는 한자의 뜻만 알아도 어휘 뜻이 술술 풀립니다.
  낱글자 풀이를 보며 어휘의 뜻을 파악하면서, 어휘의 구성 원리도
  터득합니다.
- 한자 학습서의 베스트셀러 〈한자 암기박사〉의 학습법을 적용,
  이야기를 읽다 보면 한자가 저절로 외워집니다.

"엄마를 놀라게 하는 학습지!"

Variety 확장

하나를 알면 열을 알듯이, 중심 어휘와 관련된
어휘들을 꼬리에 꼬리를 물듯 배웁니다.

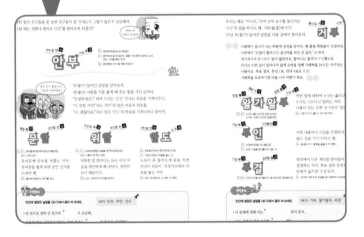

어휘가 꼬리를 문다!

- 같은 한자가 쓰인 여러 어휘들을 꼬리를 물고 배웁니다.
- 이미 배운 대표 어휘와 같은 주제의 여러 어휘들을 꼬리를 물고 배웁니다.

Application 활용

재미있는 게임형 문제로 어휘 활용
능력을 키웁니다.

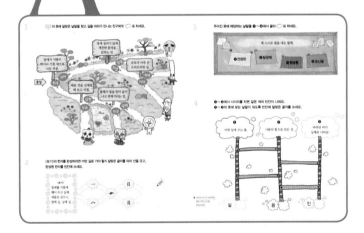

재미있게 공부한다!

- 머리를 자극하는 게임형 문제를 풀다 보면 어휘력이 쑥쑥 자라납니다.
- 친근하고 재미있는 떡 캐릭터와 함께 공부의 즐거움을 느낄 수 있습니다.

마법의 상위권 어휘 무엇을 배울까요?

초등학교 2단계 학습 내용

2-1단계

호		교과서 학습 어휘	한자	연계교과
제 1 호	01	주택	宅(5급)	사회 / 과학
		구실	實(5급)	
	02	광원	光(6급)	
		용수	工(7급)	
제 2 호	01	자료	材(5급)	수학 / 국어
		선택	選(5급)	
	02	원	圓(준4급)	
		토론	論(준4급)	
제 3 호	01	적당	適(4급)	체육 / 음악
		참여	參(5급)	
	02	작곡	曲(5급)	
		시련	試(준4급)	
제 4 호	01	포화	飽(3급)	과학 / 도덕
		경험	營(4급)	
	02	심혈	血(준4급)	
		성충	成(6급)	

초등학교 2단계 학습 내용

〈마법의 상위권 어휘〉는 전체 5단계 10권으로 구성되어 있습니다.
초등학교 2단계에서는 초등학교 저학년 어린이가 꼭 알아야 할
중요 어휘들을 공부할 수 있습니다.

2-2 단계

호	교과서 학습 어휘		한자	연계교과
제 1 호	01	문화재	財(5급)	미술 / 국어
		교류	交(6급)	
	02	낭송	暗(준4급)	
		감상	感(6급)	
제 2 호	01	금속	金(8급)	사회 / 과학
		연료	火(8급)	
	02	교통	症(준3급)	
		위반	反(6급)	
제 3 호	01	접속	接(준4급)	수학 / 도덕
		결산	算(7급)	
	02	문장	文(7급)	
		고장	常(준4급)	
제 4 호	01	은하수	星(준4급)	과학 / 수학
		이륙	洋(6급)	
	02	통신	通(6급)	
		각도	度(6급)	

마법의 상위권 어휘 이렇게 공부하세요!

지문 읽기

글을 읽으면서 주황색으로 된 낱말의
뜻은 무엇인지 머릿속에 그려 보세요.
낱말의 뜻은 글 속에서 익혀야
정확하게 알고 오래 기억할 수 있답니다.

맛보기

지문에 나온 주황색 낱말 중 하나를
골라 빈칸에 답을 써 보세요.
한 번만 써 보아도 어휘를 내 것으로
만드는 데 큰 도움이 됩니다.

돋보기

왼쪽 상단의 박스 속에 든 대표 어휘의
뜻을 먼저 익히세요.
한자와 낱글자 풀이를 꼼꼼히 읽으면
쉽게 뜻을 알 수 있어요.

글을 따라 읽으며 확장 어휘에는
무엇이 있는지 익혀 보세요.
다 읽은 다음, 쏙쏙 문제를 풀면
머릿속에 어휘들이 쏙쏙 들어올
거예요.

한자가 술술

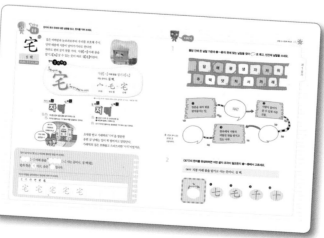

한자에 담긴 글자 원리를 읽고,
암기카드 속 문장을 노래하듯 외우며
빈칸을 채우고 한자도 써 보세요.

다지기

공부한 내용을 기억하기 쉽도록
재미있는 문제로 만들었어요.
실력도 다지고, 재미있게 학습을
마무리해요.

● 각 호는 1주일, 각 권은 1개월 단위의 학습량으로 구성되어 있습니다. 일주일에 한 호씩, 한 달이면 나도 상위권 어휘력을 가질 수 있어요.

도전! 어휘왕

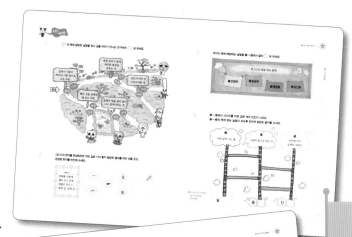

재미있는 게임형 문제를 풀며 어휘력을
키울 수 있어요.
사다리, 미로, 색칠하기, 선긋기 등
다양한 활동으로 재미있게 공부해 봐요.

평가 문제

학교 시험 문제와 유사한 유형의
문제를 풀어 볼 차례입니다.
어휘력으로 학교 공부를 잡는다는 말,
여기에서 실감해 보세요!

어휘랑 놀자!

01

 름답고 금한 우리말 야기

교과서에 나오는 순우리말과 속담, 관용어를
만화로 재미있게 익혀 보세요.

02

 숫해서 리기 쉬운 말 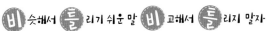 교해서 리지 말자

또래 친구들이 실제로 쓴 글을 보고 틀리기 쉬운 말을
바르게 구분하여 익혀 보세요.

03

 래어로 배우는  드 라 고요!

교과서에 나오는 외래어를 이용, 초등학교에서
꼭 알아야 할 영단어를 익혀 보세요.

마법의 **상위권 어휘**
떡 친구들을 소개합니다!

애들아, 안녕?

반가워.
나는 쑥을 넣어 만든
말랑말랑한 떡이야.

향긋

얘는 내가 기르는 개,
떡구!

개떡이라 개가
잘 따르는구나.

까 하 하

내 이름은 쑥개떡,
가끔 개떡이라고도 불러.

나는 꿀물을 가득 담고 있는
꿀떡이야.

초등 **2-1** 단계

어휘를 알아야 만점을 잡는다!

스토리텔링식 신교과서 학습을 위한

마법의 상위권 어휘

제 **1** 호

어휘가 쑥쑥 자라요.

부모님과 선생님께서는 이렇게 지도해 주세요

제 **1** 일차	제 **2** 일차	제 **3** 일차	제 **4** 일차	제 **5** 일차
할머니 댁에 놀러 간 이야기를 읽고, 대표 어휘 '주택'과 한자 '宅'을 익힙니다. '주택'에서 확장된 여러 낱말의 뜻을 스스로 추론해 보도록 지도해 주세요.	대표 어휘 '구실'의 뜻과 한자 '實'을 익히고, 관계있는 낱말도 함께 익힙니다. 다지기 문제를 풀어 보고, 여러 가지 바위의 종류도 익히도록 해 주세요.	무인도에 떠내려간 이야기를 읽고, 대표 어휘 '광원'과 한자 '光'을 익힙니다. '광원'에서 확장된 여러 낱말의 뜻을 스스로 추론해 보도록 지도해 주세요.	대표 어휘 '용수'의 뜻과 한자 '工'을 익히고, 관계있는 낱말도 함께 익힙니다. 다지기 문제를 풀어 보고, '왠지'와 '웬일'을 구별하여 쓰도록 해 주세요.	재미있는 게임 문제와 학교 시험 유형의 평가 문제를 풀며 어휘 실력을 다집니다. '네트(net)'가 들어가는 영어 단어들도 함께 익히도록 해 주세요.

한옥에 살고 계신 할머니 댁에
동생과 함께 놀러 갔어요. 우리는 텃밭에서 상추도 따고
아궁이에 불도 때며 즐겁게 놀았어요.

어휘랑 놀자 1

아름답고 **구**금한 **우**리말 **이**야기

바위의 종류

제 **1** 일차

교과서 학습 어휘 01

맛보기

돋보기1

한자가 술술

다지기

주택

채광 위생 한옥
서까래 처마 댓돌

제 **2** 일차

돋보기2

한자가 술술

다지기

구실

임무 책임
구실(口實) 실습 실현

宅

實

배가 난파되어 떠내려와 보니 무인도였어요.
먹을 물도 구해야 하고 불도 피워야 해요.
자연 속의 광원인 태양을 이용하면 방법이 있을지도 몰라요.

어휘랑 놀자 3
뭐래어로 배우는 뭐 word 드 라 고요!
네트(net)

光

용수
저수지 상수
공업 공산품 인공

어휘랑 놀자 2
비슷해서 틀리기 쉬운 말 비교해서 틀리지 말자
왜 그런지 모를 때는 '왠지', 뜻밖일 때는 '웬일'

工 功

○ 글 속의 주황색 낱말들은 무슨 뜻일까요? 잘 생각하면서 다음 글을 읽어 보세요.

고속버스를 타고 3시간을 달려서 드디어 할머니 댁에 도착했어요.

할머니 댁은 우리의 전통 주택인 한옥이에요.

마당에 들어서자 복실이가 "음매~" 하며 동생과 나를 반겨 줬어요.

복실이는 마당 옆 외양간에 살고 있는 예쁜 암소랍니다.

동생과 나는 누가 먼저랄 것도 없이 외양간 옆 우물로 달려갔어요.

얼음물보다 시원한 우물물을 길어서 등에 끼얹으면 최고의 피서가 되거든요.

우물 뒤 텃밭에 계시던 할머니가 우리를 보고 반갑게 손짓을 하셨어요.

동생과 나는 할머니와 함께 바구니 한가득 상추와 깻잎을 따 왔어요.

저녁 준비에서 내가 맡은 일은 아궁이에 불 때기예요.

부뚜막 앞에 앉아 장작으로 불을 지피고 있으니 야영을 나온 기분이 들었어요.

겨울에는 아궁이에 불을 때어 방바닥을 따뜻하게 하지요.

아궁이가 보일러 구실을 하는 셈이에요.

동생과 나는 저녁을 먹고 일찍 잠이 들었어요.

그런데 화장실에 가고 싶어서 한밤중에 잠이 깼어요.

깜깜한 밤에 뒷마당에 있는 화장실에 가려니 온몸이 오들오들 떨렸어요.

이다음에 내가 커서 한옥을 지으면, 화장실을 꼭 실내에다 지을 거예요.

맛보기

◑ 빈칸에 알맞은 낱말을 왼쪽 글의 주황색 낱말 중에서 찾아 써 보세요.
잘 모를 땐 💡를 보거나, ❶∼❸에서 골라 쓰세요.

1 할아버지 댁은 바람이 잘 통하는 'ㄱ' 자 모양의 　한 옥　이에요.

💡 우리나라 고유의 방법으로 지은 집을 가리키는 말이에요.

❶ 한약　　　　　❷ 한옥　　　　　❸ 한턱

2 학교 운동장에서 2박 3일 동안 　　　　을 했어요.

💡 놀거나 훈련을 하려고 야외에서 천막을 치고 지내는 것을 말해요.

❶ 야유　　　　　❷ 야영　　　　　❸ 야옹

3 가스나 연탄이 보급되면서 　　　　은 점점 사라져 가고 있어요.

💡 부엌 아궁이 위에 솥을 얹는 판판한 곳이에요.

❶ 부반장　　　　❷ 부메랑　　　　❸ 부뚜막

4 도시의 인구가 늘어나면서 　　　　문제가 심각해지고 있어요.

💡 사람이 들어가 살려고 지은 집을 뜻해요.

❶ 주택　　　　　❷ 주책　　　　　❸ 주름

5 엄마가 집에 안 계시면 언니가 엄마 　　　　을 해요.

💡 어떤 처지에서 맡은 일이나 마땅히 해야 할 일을 가리켜요.

❶ 구실　　　　　❷ 구석　　　　　❸ 구슬

6 주말에 친구들과 바닷가로 　　　　를 떠나기로 했어요.

💡 더위를 피하여 시원한 곳으로 가는 것을 말해요.

❶ 피리　　　　　❷ 피자　　　　　❸ 피서

주영이네 엄마 아빠는 이사 갈 집을 알아보고 있어.
태양열 '주택'이 1순위 후보지. 사람이 들어가 살기 위해 지은 집을
주택이라고 해. 태양열 주택은 태양열을 모으는 장치가 있단다.
모아 둔 에너지는 난방이나 온수가 필요할 때 사용하지.
태양열 주택은 환경 보호와 에너지 절약에도 큰 도움이 된단다.

태양열 주택.

살 주 住   집 택 宅

주택

낱·교 사람이 들어가 살【住】 수 있게 지은 건물【宅】.
예 예슬이 집은 정원이 있는 아담한 주택입니다.

낱 은 낱글자 풀이,
교 는 교과서의 뜻이야!

주영이 엄마 아빠가 태양열 주택을 고른 또 다른 이유는 '채광'과 '위생' 때문이야.

가려낼 채 採   빛 광 光

채광

낱 빛【光】을 받아들임【採】.
교 창문을 내어 햇빛을 받아들이는 것.
예 이모네는 채광이 좋은 남향집이에요.

지킬 위 衛   생명 생 生

위생

낱 생명【生】을 지킴【衛】. 혹은 건강을 지킴【衛】.
교 병에 걸리지 않게 깨끗한 환경을 갖추는 것.
예 전염병의 예방을 위해 위생 상태를 점검했어요.

햇빛 반짝~
바람 슝슝~
채광 만점,
위생 만점.

집이나 건물에 창문을 내어 빛을 받아들이는 걸 채광이라고 해.
위생은 건강에 유익하도록 환경을 갖추는 것을 말해.
태양열 주택에는 커다란 창문이 많기 때문에 실내가 밝고 채광이 좋아.
또한 공기가 잘 통해서 쾌적한 위생 상태를 유지해 준단다.

 쏙쏙 문제

빈칸에 알맞은 낱말을 〈보기〉에서 골라 써 보세요.   〈보기〉 채광, 위생, 주택

• 고모가 사는 집은 예쁜 마당과 연못이 있는 단독 ❶◯◯ 이에요.

• 학교에서는 여름철을 맞아 먹는 물의 ❷◯◯ 상태를 점검했어요.

• ❸◯◯ 이 좋은 집을 지으려면 남쪽으로 창문을 내는 것이 좋아요.

태양열 주택이 미래형 주택이라면 우리나라 고유의 형식으로
지은 집은 '한옥'이라고 해. 아파트나 요즘 주택에서는 볼 수 없는
특이한 것들이 많이 있단다.

도산 서원.

한국 한 韓 집 옥 屋

한옥

낱 한국【韓】의 전통 가옥【屋】.
교 우리나라 고유 방식으로 지은 집.
예 탁 트인 한옥의 마루는 바람이 잘 통해서 여름에 시원해요.

한옥을 구성하는 것들의 이름은 우리 조상들이 즐겨 말하던 속담에 종종 등장해.
그럼 속담으로 만나는 한옥의 일부를 들여다보자.

서까래 / 기둥 / 처마 / 댓돌

기둥보다 서까래가 더 굵다

서까래

교 한옥에서 지붕의 비탈진 면을 받치고 있는 나무.
예 서까래의 끝을 한곳에 모으면 지붕을 받치는 힘이 더 좋아져요.

한옥에서 지붕 전체를 받치고 있는 굵은 나무는 기둥이고,
지붕의 비탈진 면을 받치고 있는 나무는 '서까래'라고 해.
'기둥보다 서까래가 더 굵다'라는 속담은 중요한 것과 그렇지 않은 것이
뒤바뀌었음을 뜻하는 말이야.

'처마'는 집의 지붕이 벽이나 기둥 밖으로
나온 부분을 가리켜. '댓돌'은 처마 안쪽 밑에
놓은 돌을 말하지. 댓돌에 신발을 벗어 두면
비가 내려도 빗물에 젖지 않는단다.
'처마에서 떨어지는 물이 댓돌을 뚫는다'라는
속담은 비록 약한 힘이라 해도 오랫동안
끈질기게 계속하면 안 되는 것이 없다는 말이야.

처마에서 떨어지는 물이 댓돌을 뚫는다

처마
교 집에서 지붕이 벽이나 기둥 밖으로 나온 부분.
예 처마 끝에 고드름이 달렸어요.

댓돌
교 처마 아래로 빙 둘러서 놓은 돌.
예 마루를 지나 댓돌을 딛고 마당에 내려왔어요.

쏙쏙 문제

빈칸에 알맞은 낱말을 〈보기〉에서 골라 써 보세요.   〈보기〉 처마, 한옥, 댓돌

• 할머니 댁은 ❶ 　　　　 이라서 부뚜막의 아궁이에 불을 때 난방을 해요.

• 신발을 가지런히 ❷ 　　　　 에 벗어 두고 마루로 올라갔어요.

• 마당에서 노는데 갑자기 소나기가 와서 ❸ 　　　　 밑으로 뛰어 들어갔어요.

宅 5급

집 택

총 6획 | 부수 宀, 3획

집은 비바람과 눈보라로부터 우리를 보호해 주지. 만약 태풍에 지붕이 날아가기라도 한다면 하루도 편히 살지 못할 거야. 지붕【宀】아래 몸을 맡기고【乇】살 수 있는 곳이 바로 집【宅】이란다.

한자 암기카드

❶ 지붕【宀】아래

❷ 몸을 맡기고【乇】사는 곳이니

지붕【宀】아래 몸을 맡기고【乇】 사는 곳이니, 집 택.

宀 + 乇 = 宅
(지붕)　맡길 탁　집 택

❶ '宀(집 면)'은 지붕을 본떠서 만든 글자로 여기서는 '지붕'을 뜻함.

자기 자 自　집 택 宅

자택

[낱][교] 자신【自】의 집【宅】을 높여 부르는 말.
[예] 작가인 할머니는 자택에서 책을 집필하고 있어요.

집 저 邸　집 택 宅

저택

[교] ❶ 규모가 아주 큰 으리으리한 집.
❷ 예전에 왕후나 귀족의 집.
[예] 인기 작가인 할머니는 호화로운 저택에서 살고 있어요.

여기가 가래떡의 자택이구나!

거의 저택 같은걸~!

초대를 받고 가래떡의 '자택'을 방문한 송편 삼 남매는 입이 떡 벌어지고 말았단다. 가래떡의 집은 호화롭고 으리으리한 '저택'이었거든.

'한자 암기카드'를 보고 빈칸에 들어갈 말을 써 보세요.

❶◯◯【宀】아래 몸을 ❷◯◯◯◯【乇】사는 곳이니, 집 택(宅).

宅의 뜻은 집 이고, 음은 ❸◯ 입니다.

宅의 어원을 생각하면서 필순에 따라 써 보세요.

宅宅宅宅宅宅

宅　宅　宅　宅　宅

다지기

제1일차

1 돌담 안에 든 낱말 가운데 ❶~❸의 뜻에 맞는 낱말을 찾아 ◯로 묶고, 빈칸에 낱말을 쓰세요.

💡 나란히 붙어 있는 글자로 된 낱말이에요.

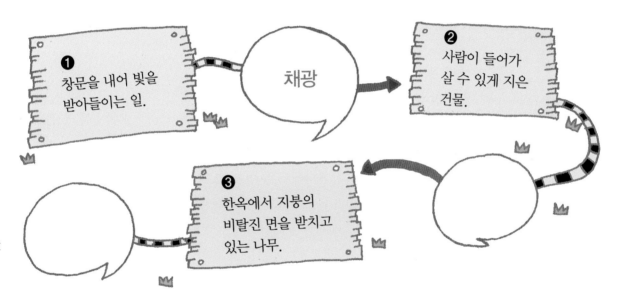

2 〈보기〉의 한자를 완성하려면 어떤 글자 조각이 필요한지 ❶~❹에서 고르세요.

〈보기〉 지붕 아래 몸을 맡기고 사는 곳이니, 집 택.

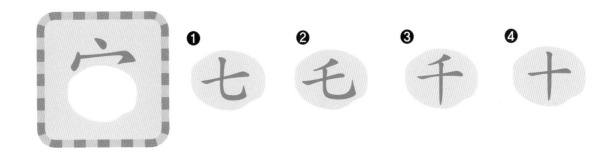

쑥개떡아, 내가 꼭 범인을 잡아 주마!

쑥개떡이 아끼는 꿀단지가 없어져 버렸어.
쑥개떡은 누군가 훔쳐 간 게 틀림없다고 주장했어. 추리하기를 좋아해서
탐정의 꿈을 가지고 있던 시루떡이 범인 찾기에 나섰단다.
시루떡은 과연 탐정 '구실'을 제대로 해낼 수 있을까?
구실은 어떤 사정이나 형편으로 인해 맡은 역할을 말한단다.

구실

교》 어떤 사정이나 형편으로 인해 맡은 역할.
예》 혜진이는 동생들을 돌봐 주며 맏언니 구실을 톡톡히 하고 있어요.

꿀단지가 없어진 게 몇 시였다고?

아니, 그게 잠이 들었다 깼언데…

맡을 **임任**   일 무務

임무

낱·교》 맡아서【任】 해야 하는 일【務】.
예》 어떤 일이든 네 임무에 최선을 다하라.

탐정 시루떡의 첫 번째 '임무'는 꿀단지가 없어진 동안
누가 어디에서 무엇을 하고 있었나를 조사하는 일이었어.
임무란 맡아서 해야 하는 일을 말한단다.

수상한 냄새가 나! 범인의 냄새?

발 냄새? 킁킁

책임 **책責**   맡을 **임任**

책 임

낱·교》 ❶ 맡아서【責】 해야 할 임무【任】.
　　　 ❷ 어떤 일로 생긴 결과에 대해 부담을 지는 것.
예》 내가 맡은 일의 책임을 다른 사람에게 미루지 마라.

시루떡은 바닥에 나 있는 수상한
발자국을 발견했어. 시루떡은 탐정의
'책임'을 다하기 위해 끈질기게
발자국을 따라가 보았단다.
책임은 맡아서 해야 할 임무를 가리켜.

쏙쏙 문제

빈칸에 알맞은 낱말을 〈보기〉에서 골라 써 보세요.   〈보기〉 구실, 책임, 임무

• 싸움을 일으킨 ❶◯◯ 을 한쪽에만 지우는 것은 불공평해요.

• 선생님께서 결근하시자 반장이 출석을 부르며 선생님 ❷◯◯ 을 하려 들었어요.

• 학예회 준비에서 제가 맡은 ❸◯◯ 는 학교 주위에 포스터를 붙이는 일이에요.

제 2 일차

발자국과 발의 크기가 똑같은 사람은 바로 백설기였어.
하지만 백설기는 그럴듯한 '구실'을 대며 자기가 범인이 아니라고 했어.
구실은 핑계로 삼는 재료 또는 싫은 일을 하지 않으려고 둘러대는
것을 말해. '역할'을 뜻하는 '구실'은 순 우리말이지만, '핑계'를 나타내는
'구실(口實)'은 한자로 된 말이란다.
입【口】에 핑계로 삼을 열매【實】를 물고 있다는 데서 온 말이야.

입구口   열매 실實

구실

낱 입【口】 안에 든 열매【實】.
교 ❶ 핑계를 삼을 만한 재료를 비유하여 이르는 말.
  ❷ 싫은 일을 하지 않으려고 둘러대는 것.
예 형은 배가 아프다는 구실을 대고 방 청소를 하지 않았어요.

백설기는 꿀단지가 없어진 시간에 쑥개떡의 집에 갔던 것은 맞지만
떡볶이 요리 '실습'을 했을 뿐이라고 말했어.
실습은 배운 것을 실제로 해 보는 것을 말해.

실제 실實   익힐 습習

실습

낱 교 배운 것을 실제로【實】 해 보고 익힘【習】.
예 요리 실습 시간에 햄버거를 만들었어요.

실제 실實   나타날 현現

실현

낱 바라던 바가 실제로【實】 나타남【現】.
교 ❶ 희망이나 계획 따위가 실제로 이루어짐.
  ❷ 하고자 하는 것을 애써서 이루는 것.
예 뮤지컬 배우가 되겠다는 꿈을 실현했어요.

그때였어. 꿀떡이가 꿀단지를 들고 나타났어.
감기가 든 쑥개떡에게 꿀물을 타 주려고 집에 가서 꿀을 채워 온 거였어.
꿀단지는 도둑맞은 게 아니었단다.
시루떡은 당황했지만 그래도 사건이
해결되었으니 탐정의 꿈이 '실현'되었다며
기뻐했어. 실현은 바라던 바가
실제로 이루어지는 것을 뜻해.

쏙쏙 문제

빈칸에 알맞은 낱말을 〈보기〉에서 골라 써 보세요.   〈보기〉 실현, 구실, 실습

• 5년간 아껴 쓰며 저금한 돈으로 세계 일주 여행의 꿈을 ❶   했어요.

• 감기에 걸렸다는 ❷   을 대며 양호실에서 잠을 잤어요.

• 학교에서 배운 옷감 염색하기를 집에서 ❸   해 보았어요.

實 ^{5급}

열매, 실제 실

총 14획 | 부수 宀, 11획

논산의 곶감 마을에서는 가을에 딴 감의 껍질을 벗기고 가지런히 꿰어서 지붕 밑에 말린단다. 동지가 되면 마을 사람들은 잘 마른 곶감을 내다 팔지. 곶감이 곧 재물이자 재산인 셈이야. 감 열매를 지붕【宀】 밑에 꿰어【毌】 두고 실제 재물【貝】로 삼는 거란다.

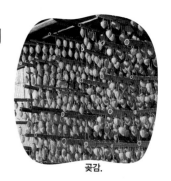

곶감.

한자 암기카드

❶ 열매를 지붕【宀】 밑에
❷ 꿰어【毌】 두고
❸ 실제 재물【貝】로 삼으니

열매를 지붕【宀】 밑에 꿰어【毌】 두고 실제 재물【貝】로 삼으니, **열매 실, 실제 실.**

宀 + 毌 + 貝 = 實
(지붕)　꿸 관　재물 패　열매 실, 실제 실

❶ '宀(집 면)'은 여기서 '지붕'을 뜻함.

있을 유有　이름 명名　없을 무無　실제 실實

유명무실

얼굴 좀 늘였더니 놀라서 도망가네.

이름뿐인 유명무실한 드라큘라예요!

뜻： 이름【名】만 있고【有】 실속【實】이 없음【無】.
예： 우리 학교 음악실은 피아노가 없어서 유명무실하답니다.

'소문난 잔치에 먹을 것 없다'는 속담처럼 '유명무실'은 이름【名】만 그럴듯하고【有】 실속【實】은 없는【無】 것을 가리키는 말이란다.

'한자 암기카드'를 보고 빈칸에 들어갈 말을 써 보세요.

열매를 ❶ ◯◯【宀】 밑에 ❷ ◯◯【毌】 두고 실제 ❸ ◯◯【貝】로 삼으니, 열매 실, 실제 실(實).
實의 뜻은 열 매 , 실 제 이고, 음은 ❹ ◯ 입니다.

實의 어원을 생각하면서 필순에 따라 써 보세요.

實	實	實	實	實	實	實	實	實	實	實	實	實	實

實	實	實	實	實		

제 2 일차

1 ❶~❸에서 이어진 길을 따라가면 두 글자로 된 낱말이 완성됩니다.
그 낱말을 알맞은 뜻과 이으세요.

💡 완성된 세 낱말은
임무, 구실, 책임입니다.

맡아서 해야
하는 일.

어떤 사정이나
형편으로 인해
맡은 역할.

어떤 일로 생긴
결과에 대해
부담을 지는 것.

2 주어진 문장 속에 '실(實)'의 두 가지 뜻이 있어요. 두 가지 뜻을 찾아 ⬭표 하고, 빈칸에 쓰세요.

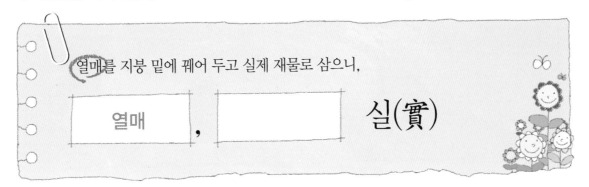

열매를 지붕 밑에 꿰어 두고 실제 재물로 삼으니,

열매		실(實)

바위의 종류

하아~ 도대체 내 친구 돌배네 집은 어디인 거야?

놀러 오라면서 약도를 이렇게 그려 주다니….

산
강
우리집
바위

커다란 바위가 있는 곳이라는데….

커다란 바위라면 바로 네가 서 있는 이곳 아냐?

개미?!

우린 이 너럭바위가 하도 커서 여기서 운동회도 하지.

영차~ 영차

너럭바위 : 넓고 평평한 큰 바위.

그 정도 바위가 크겠어?!

크
왕

바로 저 병풍바위만 해야 크다고 할 수 있지!

병풍바위 : 병풍을 둘러친 것처럼 생긴 커다란 바위 덩어리.

갯바위 : 물가에 있는 바위.

선바위 : 산이나 들 또는 물 가운데에 우뚝 서 있는
　　　　 커다란 바위.

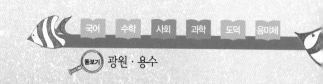
◑ 글 속의 주황색 낱말들은 무슨 뜻일까요? 잘 생각하면서 다음 글을 읽어 보세요.

배가 난파되어 떠내려온 뒤, 정신을 차려 보니 낯선 곳에 와 있다.

사람 그림자도 안 보이는 걸 보니 여긴 분명 무인도임에 틀림없다.

도대체 며칠이나 지났을까? 아, 배도 고프고 목도 마르다.

물, 먼저 먹을 수 있는 깨끗한 물이 있는 곳을 찾아야겠다.

그래야 식물을 기를 때 농업용수로도 요긴하게 쓸 수 있지.

…… 흠, 그런 곳이 없군.

안 되겠어, 바닷물을 끓여서 나오는 수증기를 모아서 먹을 물을 만들어야겠다.

앗, 그런데 바닷물을 끓이려면 불이 필요하잖아? 그래, 원시인처럼 나뭇가지를 비벼 보자.

불이 있으면 밤에는 조명으로도 쓸 수 있고 음식물도 익힐 수 있을 거야.

아니, 이거 잘 안 되잖아? 손에 물집까지 생겼는데.

흠, 아냐, 아냐, 쉽게 포기해서는 안 돼.

불이 있으면 구조 신호도 보낼 수 있잖아? 뭔가 방법이 있을 거야.

그래, 태양! 자연에서 가장 쉽게 볼 수 있는 광원이잖아!

돋보기처럼 생긴 게 필요한데 어떻게 하면 되지?

그래, 비닐봉지! 비닐봉지에 물을 채우면 돋보기 역할을 할 수 있을 거야.

…….

오, 저기 비닐봉지가 버려져 있군. 응? 저쪽에도 있네.

이건 병 조각? 뭐야, 여기 해수욕장이었어?

맛보기 ◐ 빈칸에 알맞은 낱말을 왼쪽 글의 주황색 낱말 중에서 찾아 써 보세요.
잘 모를 땐 💡 를 보거나, ❶~❸에서 골라 쓰세요.

1 마을 회관은 조명 시설이 좋아서 주민들이 행사에 자주 사용해요.
💡 빛으로 비추는 것을 가리켜요.
❶ 조림 ❷ 조명 ❸ 조롱

2 물에 빠진 아이가 안전 요원 아저씨에게　　　되었어요.
💡 목숨이 위태롭거나 어려움에 빠진 사람을 구하는 것을 말해요.
❶ 구조 ❷ 구두 ❸ 구멍

3 물이 끓기 시작하자 주전자에서　　　가 뿜어져 나왔어요.
💡 물이 열을 받아 끓으면서 생기는 기체를 말해요.
❶ 수박씨 ❷ 수세미 ❸ 수증기

4 논밭에서 작물을 기르는 데 필요한 물을 가리켜 농업　　　라고 해요.
💡 어떤 일에 쓰는 물을 뜻해요.
❶ 용수 ❷ 박수 ❸ 백수

5 배가　　　하자 타고 있던 사람들이 당황해서 어쩔 줄 몰라 했어요.
💡 배가 폭풍우 따위를 만나 부서지거나 뒤집히는 것을 말해요.
❶ 난파 ❷ 양파 ❸ 소파

6 　　　의 방향에 따라 그림자의 크기도 달라져요.
💡 해, 별, 전구처럼 스스로 빛을 내는 물체를 가리켜요.
❶ 광어 ❷ 광대 ❸ 광원

만약 태양이 없다면 어떻게 될까? 낮과 밤이 사라지고 온 세상이 캄캄해져
사람도 동식물도 살 수 없을 거야. 태양처럼 빛을 내는 물체를
'광원'이라고 해. 촛불, 전등, 컴퓨터 모니터, 별 등도 광원이란다.

광원.

빛 광光 근원 원源

광원

낱교 빛【光】을 내는 근원【源】이 되는 것.
예 해, 별 등은 자연 속의 광원이에요.

발할 발發 빛 광光 몸 체體

발광체

낱교 제 스스로 빛【光】을 내는【發】 물체【體】.
예 발광체인 반딧불이는 어른벌레뿐만 아니라 알,
애벌레, 번데기도 빛을 내요.

반딧불이.

'발광체'는 스스로 빛을 내는 물체를 뜻한단다.
광원과 비슷한 말이지. 반딧불이는 배 부분에
발광 물질을 가지고 있어서 스스로 빛을 낼 수 있는 거야.

비출 조照 밝을 명明

조명

낱교 ❶ 빛으로 비추어【照】 밝게【明】 함.
❷ 무대나 사진 촬영의 대상에 비추는 빛.
예 마루의 천장에 새 조명 기구를 달았어요.

'조명'은 주로 무대의 효과나
사진의 촬영 효과를 높이기 위해
빛을 비추는 것을 말해.
우리의 생활 속에서도 조명 기구를
흔히 볼 수 있단다. 전등의 유리관
안쪽에 빛이 나는 물질을 발라서
만든 '형광등'도 그중 하나야.

반딧불 형螢 빛 광光 등 등燈

형광등

낱교 유리관 안쪽에 빛나는 물질【螢光】을 바른 전등【燈】.
예 형광등을 갈아 끼울 때는 면장갑을 끼는 것이 좋아요.

쏙쏙 문제

빈칸에 알맞은 낱말을 〈보기〉에서 골라 써 보세요.   〈보기〉 조명, 형광등, 광원

• 해, 촛불, 전등 따위는 빛을 내는 근원이 되는 ❶◯◯◯ 이에요.

• 내 방의 ❷◯◯◯ 이 자꾸 깜빡거려서 삼촌이 새것으로 바꿔 주었어요.

• 무대 위로 쏟아지는 강렬한 ❸◯◯◯ 에 눈이 부셨어요.

숲 속의 나무 사이로 혹은 하늘의 구름 사이로 햇살이 곧게 뻗어 나가는 모습을
본 적이 있을 거야. 이렇게 곧게 나아가는 빛의 성질을 가리켜 '빛의 직진'이라고 해.
빛이 직진하는 성질은 빛으로 여러 가지 신호를 보내는 데 자주 이용된단다.

곧을 직 直   나아갈 진 進

직진

낱 곧게【直】 나아감【進】.
교 방향을 틀지 않고 앞으로 곧게 나아가는 것.
예 이 길을 따라 직진하면 시청이 나와요.

빛으로 신호를 보내는 것에는 어떤 것이 있는지 알아보자.

등불 등 燈   대 대 臺

등대

낱 등불【燈】을 밝히는 탑【臺】.
교 ❶ 밤에 배나 비행기가 길을 잃지 않게
불빛으로 신호를 보내 주는 곳.
❷ 삶의 길잡이가 되는 것.
예 어머니는 내 마음의 등대이시다.

'등대'는 등불을 밝히기 위해
바닷가나 섬에 세운 탑을 말해.
밤에 배나 비행기가 길을 잃지 않게
불빛으로 신호를 보내 주는 거란다.
나아가야 할 길을 밝혀 주는
길잡이라는 뜻으로도 사용해.
좋은 책은 우리에게 지식의 창고이자 삶의 등대란다.

불빛으로 신호를 보내는 등대.

전광판.

전기 전 電   빛 광 光   널빤지 판 板

전광판

낱·교 전구【電】의 불빛【光】으로 글자나 그림을 나타내는 판【板】.
예 경기를 마친 선수의 얼굴과 점수가 전광판에 나타났어요.

스포츠 경기를 보러 가서 자주 만나는 '전광판'도 빛을 신호로 이용해.
전광판은 많은 전구를 배열하여 전깃불을 껐다 켰다 함으로써
글자나 그림 따위가 나타나게 만든 게시판을 말한단다.

쏙쏙 문제

빈칸에 알맞은 낱말을 〈보기〉에서 골라 써 보세요.   〈보기〉 등대, 직진, 전광판

• 밤에 항구로 들어오는 배들은 ❶   의 불빛을 보고 방향을 찾아요.

• 사거리에서 신호를 기다리다가 녹색등이 켜져 ❷   했어요.

• 우리나라 대표 선수들의 이름이 ❸   에 나타나자 관중들이 환호성을 질렀어요.

光 ^{6급}

빛 광

총 6획 | 부수 儿, 4획

올림픽 성화는 대회 기간 내내 성화대에서 빛을 내고 있지.
성화 주자들은 그리스에 있는 올림피아에서 햇불에
불을 붙여 성화를 운반한단다. 사람【儿】이 들고 온 불【业】을
높이 들고 성화대에 불을 붙여 빛나게【光】 하는 거야.

올림픽 성화대에 불을 붙이는 모습.

❶ 불【业】을
❷ 사람【儿】이 들고 빛나게 하니

불【业】을 사람【儿】이 들고 빛나게 하니,
빛 광.

业 + 儿 = 光

불 화   사람 인   빛 광

❶'业'는 '불 화(火)'의 바뀐 모양.
❷'儿'은 '사람 인(人)'이 글자의 아래에서 부수로 쓰일 때의 모양.

개떡 같은
내 얼굴
광택이 자르르~
눈도 반짝
코도 반짝
입도 반짝반짝.

빛 광 光   윤 택 澤

광택

뜻교 물체가 빛【光】을 받아 윤【澤】이 나고 번쩍거리는 것.
예 아빠 구두를 광택이 나게 닦았더니 용돈을 주셨어요.

빛이 나며 윤이 흐르는 것을 '광택'이라고 한다.
쑥개떡의 얼굴에 항상 광택이 나는 것은
참기름을 듬뿍 바르기 때문이야.

'한자 암기카드'를 보고 빈칸에 들어갈 말을 써 보세요.

❶ ◯【业】을 ❷ ◯◯【儿】이 들고 빛나게 하니, 빛 광(光).

光의 뜻은 빛 이고, 음은 ❸ ◯ 입니다.

光의 어원을 생각하면서 필순에 따라 써 보세요.

光 光 光 光 光 光

光	光	光	光	光		

1 ❶~❹의 뜻을 가진 낱말이 되도록 거미 등의 빈칸에 알맞은 글자를 쓰세요.

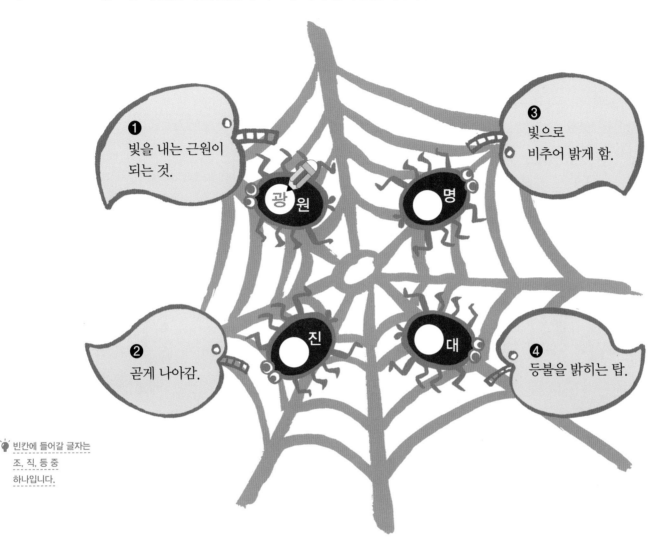

❶ 빛을 내는 근원이 되는 것.

광원

❸ 빛으로 비추어 밝게 함.

◯명

❷ 곧게 나아감.

◯진

◯대

❹ 등불을 밝히는 탑.

💡 빈칸에 들어갈 글자는 조, 직, 등 중 하나입니다.

2 왼쪽에 음뜻이 주어진 한자를 오른쪽 빈칸에 쓰세요.

业 儿

불을 사람이 들고 빛나게 하니, 빛 광.

빛 광

💡 구름 속 글자들을 더하면 한자의 모양을 알 수 있어요.

물의 다양한 쓰임새.

'돈을 물 쓰듯 하다'라는 속담이 있어.
돈을 헤프게 쓴다는 의미이지. 하지만 물은 인간의
삶에서 돈으로는 비교할 수 없는 큰 역할을 하고 있단다.
물을 쓰는 일 혹은 어떤 일에 쓰는 물을 '용수'라고 해.
물의 다양한 쓰임새에 대해 알아보자.

쓸 용 用   물 수 水
용수

낱. 물【水】을 쓰는【用】일. 또는 어떤 일에 쓰는【用】물【水】.
교. 공장이나 농사 따위에 쓰는 물을 먼 곳에서 대어 옴.
예. 사막 지역에서는 오아시스를 농업용수로 이용하는 경우가 많아요.

모아 둘 저 貯   물 수 水   못 지 池

저수지

낱.교. 필요할 때 쓰기 위해 미리 물【水】을
모아 둔【貯】못【池】.
예. 아빠와 함께 저수지에서 낚시를 했어요.

요즘에는 주로 댐을 만들어 전기도
일으키고 물의 사용도 조절하지.
옛날에는 '저수지'를 만들어 용수를 조절했어.
저수지는 강이나 골짜기를 막고 인공으로
둑을 쌓아 물을 모아 둔 못을 말해. 저수지의
물은 농사를 지을 때는 농업용수로, 가뭄이 들 때는 생활용수로 쓰였단다.

저수지.

상수도 처리장.

빨래나 샤워, 세수를 할 때 사용하는
수돗물은 위생적인 과정을 통해 깨끗하게
처리된 물이란다. 이렇게 바로 먹을 수 있을
정도로 맑은 상급의 물을 '상수'라고 해.

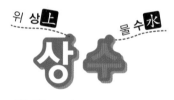
위 상 上   물 수 水
상수

낱.교. 수도관을 통해서 내보내는
상급【上】의 맑은 물【水】.
예. 새로 만드는 주택 단지는
상수 시설이 잘되어 있어요.

쏙쏙 문제

빈칸에 알맞은 낱말을 〈보기〉에서 골라 써 보세요.   〈보기〉 용수, 저수지, 상수

• 고대 이집트 인들은 나일 강에서 농사와 생활에 필요한 ❶◯◯ 를 얻었어요.

• 홍수로 논이 물에 완전히 잠겨 마치 ❷◯◯◯ 처럼 변해 버렸어요.

• 음료수나 생활용수로 쓰기 위하여 수도관을 통하여 보내는 맑은 물을 ❸◯◯ 라고 해요.

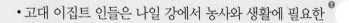

제4일차

물은 농업용수나 생활용수와 더불어 공업용수로도 중요한 역할을 하지.
'공업'은 재료를 사용해 기계로 물건을 만들어 내는 산업을 말한단다.

공업 단지.

만들 공 工 일 업 業

공업

낱교 기계로 재료를 다루어서 새로운 물건을 만들어【工】내는 산업【業】.
예 우리나라 공업은 재료의 대부분을 수입에 의존하고 있어요.

재료를 씻을 때, 기계를 식힐 때 등 공업용수로서
물의 쓰임새는 매우 다양하단다. 그래서 세계의 유명한
공업 단지는 대부분 강이나 바다 옆에 자리 잡고 있어.

공업 공 工 생산할 산 産 물건 품 品

공산품

낱교 공장에서【工】기계로 생산해【産】내는 물건【品】.
예 원유의 가격이 오르면서 공산품의 가격도 크게 올랐어요.

진열대에 놓여 있는 공산품.

'공산품'은 공업 생산품의 준말이야.
재료를 사용해 공장에서 만들어 내는 모든 물건을 통틀어 공산품이라고 해.
밀가루와 설탕 등을 재료로 만든 맛있는 과자 역시 공장에서 만들면 공산품이란다.

사람 인 人 만들 공 工

인공

낱교 사람【人】의 힘으로 만든【工】것.
예 인공 폭포 앞에서 사진을 찍었어요.

'인공'은 사람의 힘으로 만들어 낸 것을 뜻해.
사람의 힘으로 자연물과 똑같거나 비슷한 것을 만들 때
인공이라는 말을 붙이는 경우가 많아.
인공 폭포, 인공 눈, 인공위성, 인공 바위 등이 그런 경우야.

인공 폭포.

인공 눈.

쏙쏙 문제

빈칸에 알맞은 낱말을 〈보기〉에서 골라 써 보세요.　〈보기〉 인공, 공업, 공산품

• 원료를 사용하여 제품을 만드는 산업을 통틀어 ❶　　　　 이라고 해요.

• 눈이 내리지 않아서 기계를 사용해 스키장에 ❷　　　　 눈을 뿌렸어요.

• ❸　　　　 은 공장에서 만들어 내는 제품을 말해요.

한자의 뜻과 유래에 대한 설명을 읽고, 한자를 익혀 보세요.

工 7급

장인, 만들 공
총 3획 | 부수 工

특별한 기술을 가지고 물건을 만드는 기술자를 장인(匠人)이라고 해. '공(工)'은 장인들이 물건을 만들기 위해 나무나 돌 따위에 줄을 긋고 자르거나 다듬을 때 쓰는 연장의 모양을 본뜬 글자야.

工

장인이 물건을 만들 때 쓰는 연장을 본떠서,

장인 공, 만들 공.

功 6급

공 공
총 5획 | 부수 力, 3획

만드는【工】데 힘【力】을 써 공을 들이니, 공 공(功). 옛날에는 생활에 필요한 크고 작은 물건들을 직접 손으로 만들었어. 한 개의 물건을 만드는【工】데도 힘【力】을 다해 공【功】을 들였단다.

반딧불형螢 눈설雪 ~의지之 공공功

형설지공

낱. 반딧불【螢】과 눈【雪】의【之】공로【功】
교. 매우 고생하면서도 꾸준히 공부함을 이르는 말.
예. 시험을 앞둔 오빠는 형설지공의 자세로 공부했어요.

'형설지공'은 옛날 중국 진나라의 차윤은 반딧불을 모은 불빛으로 글을 읽고, 가난한 손강은 겨울밤 눈빛에 비추어 글을 읽었다는 데서 나온 말이야.

'한자 암기카드'를 보고 빈칸에 들어갈 말을 써 보세요.

❶⬤⬤ 이 물건을 ❷⬤⬤ 때 쓰는 연장을 본떠서, 장인 공, 만들 공(工).

工의 뜻은 [장인] , [만들다] 이고, 음은 ❸⬤ 입니다.

工의 어원을 생각하면서 필순에 따라 써 보세요.

工 工 工

工	工	工	工	工		

다지기

제4일차

1 아래 문장의 빈칸에 들어갈 낱말을 우산에서 찾아 바른 순서대로 쓰세요.

❶ 원료를 사용하여 제품을 만들어 내는 산업을 통틀어 ⚪⚪ 이라고 해요.

❷ 필요할 때 쓰기 위해 미리 물을 모아 둔 못을 ⚪⚪ 라고 해요.

❸ ⚪⚪ 는 수도관을 통해 내보내는 상급의 맑은 물을 뜻해요.

공   저   수   업

수   상   지

2 양쪽 한자에 공통으로 들어 있는 글자를 ❶~❹에서 고르세요.

❶ 工   ❷ 土   ❸ 玉   ❹ 力

장인 공   공 공

2 월 2l일 토요일

조선 왕조

'아무튼'이라고 써야 해.

날씨가 춥기도 하고 덥기도 한 게 아뭏든 변덕스러운 날씨다.

오늘은 하루 종일 놀았다. 엄마, 아빠와 조선 왕조 게임을 했

'꼴찌'가 맞단다.　　　'왠지'라고 써야 한단다.

눈데 나 l등, 아빠 2등, 엄마 꼴지였다. 오늘은 웬지 내가 l등

'우리 집'으로 띄어 써야 해.

을 할 것 같았다. 난 수영도 잘해서 우리집 l등이다.

*이 글은 초등학교 3학년 어린이가 쓴 일기입니다.

왜 그런지 모를 때는 '왠지', 뜻밖일 때는 '웬일'

왜 그런지 모르겠지만 어떤 생각이나 느낌이 들 때
쓰는 표현은 '웬지'가 아니라 '왠지'야.
'왠지 기분이 좋지 않다'거나 '왠지 멋있어 보인다'라고 쓰지.
이와 달리, 어찌 된 일이냐고 물을 때는
'왠일'이 아니라 '웬일'이라고 쓰는 게 맞아.
'왠'과 '웬'을 잘 구별해서 써야 한단다.

선생님께서 웬일로
안경을 쓰셨을까?

왠지 기분이
안 좋아~

웬일
- 어찌 된 일. 의외의 뜻을
나타낸다.
예 웬일로 여기까지 다 왔니?

왠지
- 왜 그런지 모르게.
또는 뚜렷한 이유도 없이.
예 그 이야기를 듣자 왠지 불길한
예감이 들었다.

※ '왜인지'에서 줄어든 말로, '웬지'로
쓰는 것은 잘못이다.

1 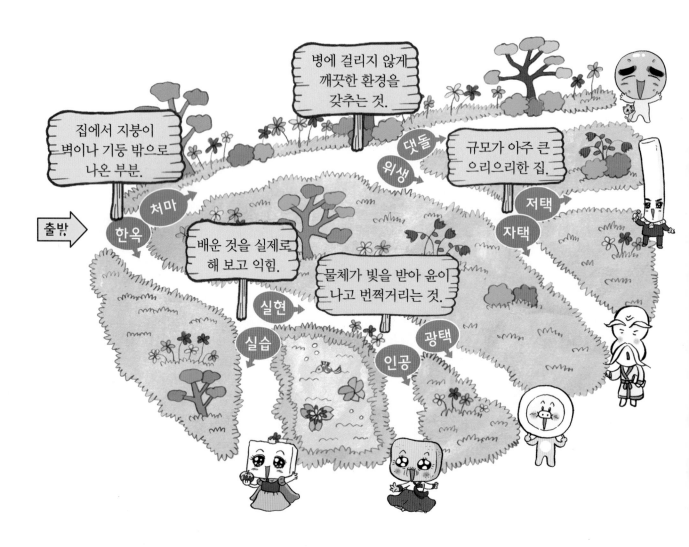 의 뜻에 알맞은 낱말을 찾고 길을 따라가 만나는 친구에게 ◯표 하세요.

2 〈보기〉의 한자를 완성하려면 어떤 길로 가야 할지 알맞은 글자를 따라 선을 긋고, 완성된 한자를 빈칸에 쓰세요.

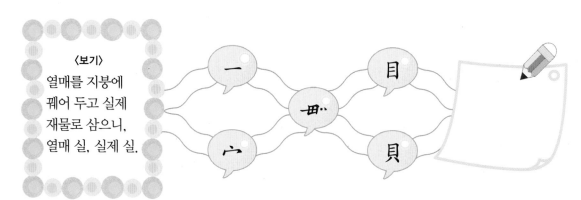

〈보기〉
열매를 지붕에
꿰어 두고 실제
재물로 삼으니,
열매 실, 실제 실.

3

주어진 뜻에 해당하는 낱말을 ❶～❹에서 골라 ⬭표 하세요.

제 스스로 빛을 내는 물체.

❶전광판 ❷발광체 ❸형광등 ❹공산품

4

❶～❸에서 사다리를 타면 같은 색의 빈칸이 나와요.

❶～❸의 뜻에 맞는 낱말이 되도록 빈칸에 알맞은 글자를 쓰세요.

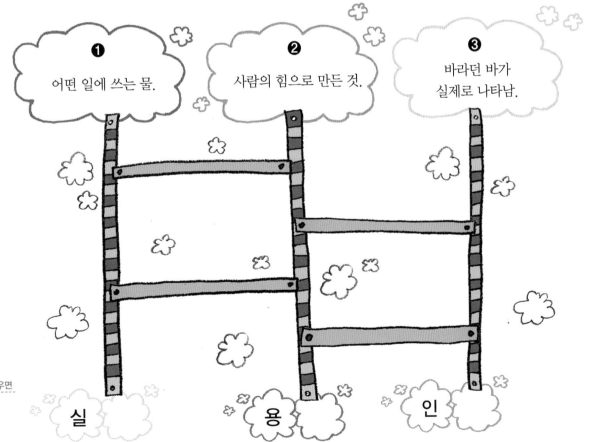

❶ 어떤 일에 쓰는 물.

❷ 사람의 힘으로 만든 것.

❸ 바라던 바가 실제로 나타남.

💡 사다리 타기가 어려우면 같은 색의 빈칸을 찾아가세요.

실 용 인

1~3 빈칸에 알맞은 말을 〈보기〉에서 골라 쓰세요.

〈보기〉 조명, 형광등, 광원, 채광

1. 태양이나 촛불, 전등처럼 빛을 내는 근원이 되는 것을
　(　　　)이라고 해.

2. (　　　)은 무대의 효과나 사진의 촬영 효과를 높이기 위해
빛을 비추는 것을 말한단다.

3. 유리관 안쪽에 빛이 나는 물질을 발라서 만든
전등을 (　　　)이라고 하지.

4. 서로 관계있는 것끼리 연결하세요.

(1) 사람이 들어가 살 수 있게 지은 건물.　·　　　·자택

(2) 규모가 아주 큰 으리으리한 집.　·　　　·저택

(3) 자신의 집을 높여 부르는 말.　·　　　·주택

5. 밑줄 친 낱말 가운데 '만들 공(工)'이 쓰이지 않은 낱말을 고르세요. (　　　)

❶ 세계의 유명한 **공업 단지**는 주로 강이나 바다 옆에 자리 잡고 있어.

❷ **인공위성**은 사람의 힘으로 지구의 둘레를 돌게 만들었다 하여 붙여진 이름이야.

❸ 공장에서 기계로 만들어 내는 물건을 **공산품**이라고 해.

❹ **형설지공**은 고생을 하면서도 꾸준하게 공부하여 이루어 낸 업적을 말해.

6. 서로 관계있는 것끼리 연결하세요.

(1) 지붕 아래 몸을 맡기고 사는 곳이니, 집 택.　　　　　•　　　　　　• 實

(2) 열매를 지붕 밑에 꿰어 두고 실제 재물로 삼으니, 열매 실. •　　　　• 宅

(3) 불을 사람이 들고 빛나게 하니, 빛 광.　　　　　　•　　　　　　• 光

7. 다음 중 맞는 설명은 ○표, 틀린 설명은 ×표 하세요.

(1) 어떤 사정이나 형편으로 인해 맡은 역할을 구실이라고 한다. (　　　　)

(2) 싫은 일을 하지 않으려고 둘러대는 핑계를 구실이라고 한다. (　　　　)

8~10 다음 글을 읽고 물음에 답하세요.

> ㉠빛은 곧게 나아가는 성질이 있어요. 사람들은 이런 빛의 성질을 이용하여 여러 가지 신호를 보냅니다. (　㉡　)가 대표적인 예입니다. 밤에 배나 비행기가 길을 잃지 않게 불빛으로 신호를 보내 주지요. 스포츠 경기장에서 자주 볼 수 있는 ㉢전광판 역시 빛을 신호로 이용하는 거랍니다.

8. ㉠과 같은 빛의 성질을 가리키는 말을 고르세요. (　　　　)

❶ 빛의 전진　　　　　❷ 빛의 명암　　　　　❸ 빛의 임무

❹ 빛의 직진　　　　　❺ 빛의 곡선

9. ㉡에 들어갈 알맞은 낱말을 고르세요. (　　　　)

❶ 광대　　　❷ 등대　　　❸ 촛대　　　❹ 무대　　　❺ 등수

10. ㉢의 뜻으로 바른 것을 고르세요. (　　　　)

❶ 창문을 내어 빛을 받아들이는 것.　　　❷ 배운 것을 실제로 해 보고 익힘.

❸ 이름만 그럴듯하고 실속은 없는 것.　　❹ 제 스스로 빛을 내는 물체.

❺ 전구의 불빛으로 글자나 그림을 나타내는 판.

네트,
그물을 펼쳐라!

배구나 탁구 경기를 보면 양쪽 편을 구분하기 위해
코트 중앙에 수직으로 가로질러 놓은 그물 같은 것이 있어.
그런 그물을 뭐라고 부르지? 맞아! 네트net라고 한단다.
배드민턴이나 테니스 경기도 마찬가지로 네트를 사용하지.
한편 축구나 핸드볼에서도 네트를 사용해.
공을 넣으면 득점을 하는 그물인 골네트goal net가 바로 그거야.
자, 그럼 네트net가 들어간 말이 무슨 뜻인지는 알겠지?
맞아, 네트net는 그물 또는 망이라는 뜻이야. 물론 우리말로 그냥 네트라고도 부르지.

goal
득점

+

net
그물

→

goal net
골네트

그럼 네트^{net}라는 말이 운동 경기에서만 쓰일까?
그렇진 않아. 그물은 노끈이나 줄, 실 따위를
엮거나 이어서 만드는 거잖아?
그래서 무언가를 연결하거나 이어 놓은 것을 가리킬 때도
네트^{net}라는 말을 사용해.
그럼 네트^{net}라는 말을 어떤 단어에서 사용하는지 알아보자.

Inter**net**

인터넷^{internet}은 잘 알지? 컴퓨터를
연결하여 정보를 교환할 수 있는
'세계적인 컴퓨터 통신망'을 말해.
서로 간에^{inter-} 그물^{net}처럼
이어졌다는 뜻이야.

mosquito **net**

모기^{mosquito}를 막으려고 치는
그물^{net}, 즉 '모기장'이라는 뜻이야.

fishing **net**

물고기를 잡는^{fishing} 데 쓰는
그물^{net}을 가리킨단다. '고기잡이
그물' 또는 '어망(漁網)'이라고 하지.

network

'방송망, 통신망'이라는 뜻이야.
라디오나 텔레비전 방송국들을
그물망^{net}처럼 연결하는 일^{work}이라서
네트워크^{network}라고 하지.

콕콕 정답

제1일차

05쪽 1. 한옥 2. 야영 3. 부뚜막
4. 주택 5. 구실 6. 피서

06쪽 ❶ 주택 ❷ 위생 ❸ 채광

07쪽 ❶ 한옥 ❷ 댓돌 ❸ 처마

08쪽 ❶ 지붕 ❷ 맡기고 ❸ 택

09쪽

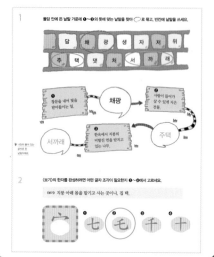

제2일차

10쪽 ❶ 책임 ❷ 구실 ❸ 임무

11쪽 ❶ 실현 ❷ 구실 ❸ 실습

12쪽 ❶ 지붕 ❷ 꿰어 ❸ 재물
❹ 실

13쪽

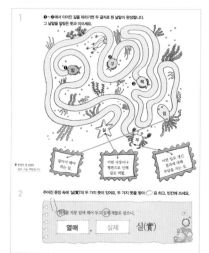

제3일차

17쪽 1. 조명 2. 구조 3. 수증기
4. 용수 5. 난파 6. 광원

18쪽 ❶ 광원 ❷ 형광등 ❸ 조명

19쪽 ❶ 등대 ❷ 직진 ❸ 전광판

20쪽 ❶ 불 ❷ 사람 ❸ 광

21쪽

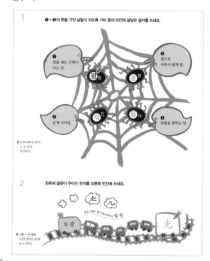

제4일차

22쪽 ❶ 용수 ❷ 저수지 ❸ 상수

23쪽 ❶ 공업 ❷ 인공 ❸ 공산품

24쪽 ❶ 장인 ❷ 만들 ❸ 공

25쪽

제5일차

도전! 어휘왕

28-29쪽

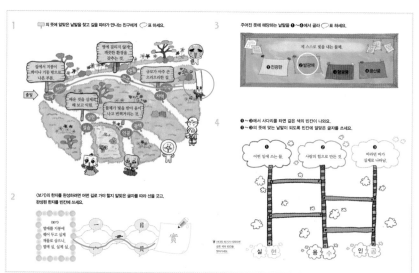

평가 문제

30-31쪽 1. 광원 2. 조명 3. 형광등 4. (1) 주택 (2) 저택 (3) 자택 5. ❹
6. (1) 宅 (2) 實 (3) 光 7. (1) ○ (2) ○ 8. ❹ 9. ❷ 10. ❺

미술책에 나오는 어려운 말들

미술책을 펼치면 멋진 그림들이 나오지?

그 아래에는 설명이 적혀 있어. 그런데 설명을 읽어 봐도 알쏭달쏭해.

선생님께서 구도를 잘 잡으라고 하시는데 무슨 뜻인지 모르겠어서 속상해.

그러니, 아래와 같은 미술 용어를 알아 두자. 미술 시간이 신나고 재미있어질 거야.

구도(構圖)	화면의 짜임새를 말해. 모양이나 색깔, 위치가 균형 있게 어우러져 아름다우면 구도가 잘 잡힌 거야.
구성(構成)	색채와 형태 따위의 요소를 조화롭게 만드는 일을 뜻해.
색상(色相)	빨강, 파랑, 노랑 따위의 여러 가지 색이야. 색의 3요소는 색상, 명도, 채도야.
명도(明度)	색의 밝고 어두운 정도를 말해. 같은 빨강이라도 명도에 따라 느낌이 달라. 명도가 높다, 낮다고 말해.
채도(彩度)	색의 맑고 탁한 정도를 말해. 유채색에만 있으며, 회색을 섞을수록 채도가 낮아져.
농담(濃淡)	색깔이나 명암 따위의 짙음과 옅음을 말해. '농'은 짙다는 뜻이고, '담'은 옅다는 뜻이야.
소묘(素描)	그림을 한 가지 색으로 그리는 것을 말하는데, 주로 형체를 관찰하여 묘사하는 일이야. 삼각뿔이나 석고상 따위를 그리는 것을 소묘로 연습해.
대칭(對稱)	중심선을 두고 위, 아래 또는 왼쪽, 오른쪽을 같게 배치한 화면 구성을 일컬어.
데칼코마니	그림물감을 두껍게 바른 종이를 반으로 접거나 다른 종이를 눌러 표현하는 환상적 그림이야. 대칭 효과가 나타나지.
마블링	물에 유성 물감을 떨어뜨려 저은 다음 종이를 물 위에 덮어 물감이 묻어나게 하면 대리석 무늬가 나타나. 이를 마블링이라고 해.
모자이크	여러 가지 빛깔의 돌이나 유리, 금속, 조개껍데기, 타일 따위를 조각조각 붙여서 무늬나 그림을 만드는 기법이야.
콜라주	화면에 사진이나 종이, 인쇄물 따위를 오려 붙이고, 부분 부분 고쳐서 작품을 만드는 기법이야.
크로키	움직이는 동물이나 사람의 형태를 재빨리 그린 그림이야. 사진기가 나오기 전에는 화가들이 크로키로 중요한 사건을 그려 두었어.
테라 코타	본디 구운 점토를 뜻하는 말로, 미술에서 점토로 만든 인물상이나 토기 따위를 가리켜 테라 코타라고 해.

어휘를 알아야 만점을 잡는다!

스토리텔링식 신교과서 학습을 위한

마법의 상위권 어휘

제 **2** 호

> 어휘가 쑥쑥 자라요.

부모님과 선생님께서는 이렇게 지도해 주세요

제 **1** 일차	제 **2** 일차	제 **3** 일차	제 **4** 일차	제 **5** 일차
일일 교사가 된 엄마의 이야기를 읽고, 대표 어휘 '자료'와 한자 '村'을 익힙니다. '자료'에서 확장된 여러 낱말의 뜻을 스스로 추론해 보도록 지도해 주세요.	대표 어휘 '선택'의 뜻과 한자 '選'을 익히고, 관계있는 낱말도 함께 익힙니다. 다지기 문제를 풀어 보고, '곱씹다'라는 낱말의 뜻과 쓰임도 익히도록 해 주세요.	토론을 하는 생쥐들의 이야기를 읽고, 대표 어휘 '원'과 한자 '圓'을 익힙니다. '원'에서 확장된 여러 낱말의 뜻을 스스로 추론해 보도록 지도해 주세요.	대표 어휘 '토론'의 뜻과 한자 '論'을 익히고, 관계있는 낱말도 함께 익힙니다. 다지기 문제를 풀어 보고, '늘이다'와 '늘리다'를 구별하여 쓰도록 해 주세요.	재미있는 게임 문제와 함께 시험 유형의 평가 문제를 풀며 어휘 실력을 다집니다. '멀티미디어(multimedia)'와 원리가 비슷한 영어 단어들도 함께 익히도록 해 주세요.

엄마가 일일 교사로 수업을 하러 학교에 오셨어요.
풍선을 준비하여 공기를 설명한
엄마의 재미있는 수업 덕분에 한 시간이
순식간에 지나갔어요.

材
才

選

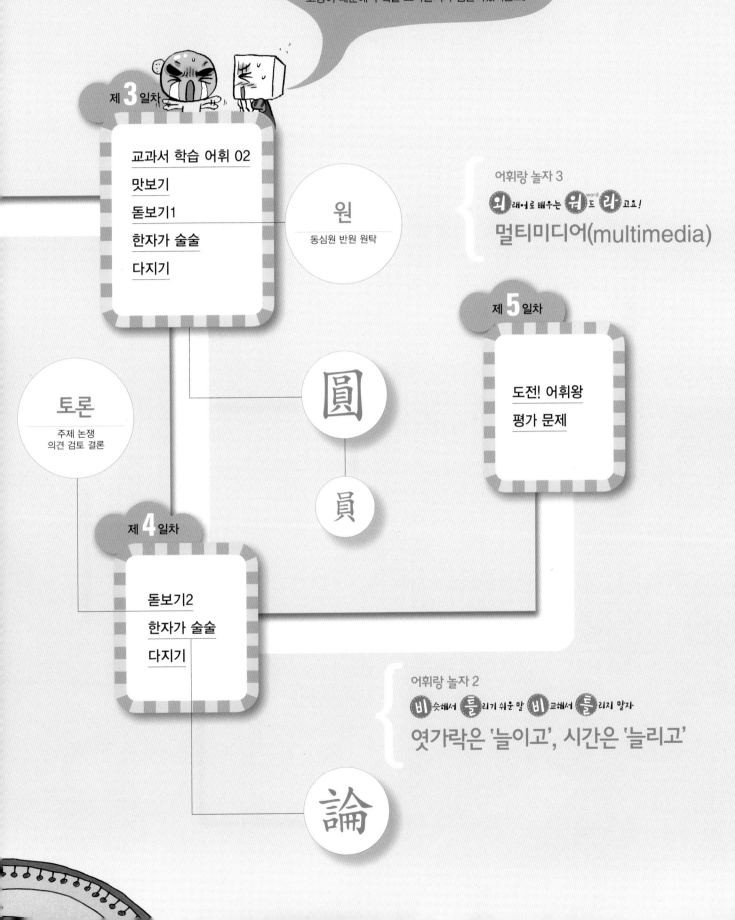

자옥이네 집 지하실에 사는 생쥐들이 한밤중에
모여 회의를 하고 있어요. 자옥이가 생일 선물로 받은
고양이 때문에 부엌을 드나들기가 힘들어졌거든요.

제 **3** 일차

교과서 학습 어휘 02
맛보기
돋보기1
한자가 술술
다지기

원
동심원 반원 원탁

어휘랑 놀자 3
위래어로 배우는 워드라고요!
멀티미디어(multimedia)

圓

제 **5** 일차

도전! 어휘왕
평가 문제

토론
주제 논쟁
의견 검토 결론

員

제 **4** 일차

돋보기2
한자가 술술
다지기

어휘랑 놀자 2
비슷해서 틀리기 쉬운 말 비교해서 틀리지 말자
엿가락은 '늘이고', 시간은 '늘리고'

論

고과서 학습 어휘 01

◐ 글 속의 주황색 낱말들은 무슨 뜻일까요? 잘 생각하면서 다음 글을 읽어 보세요.

앞문이 드르륵 열리고 엄마가 교실에 들어오셨어요.

일일 교사로 초대되어 수업을 하러 오신 거예요.

장난꾸러기 우리 반 친구들은 엄마를 본척만척하며 계속 떠들었어요.

엄마는 지난주 내내 낮에는 도서관에서, 밤에는 인터넷으로, 수업에 사용할 자료를 찾으며 공부했어요.

나는 마음속으로 '우리 엄마 파이팅!' 하고 외쳤어요.

엄마는 우리들에게 풍선을 하나씩 나눠 줬어요.

"오늘은 공기의 성질에 대해 배울 거예요. 모두 풍선을 크게 불어 보세요."

친구들이 풍선을 불기 시작하자 어수선하던 교실이 금세 조용해졌어요.

"공기는 눈에 보이지 않아도 일정한 공간을 차지하는 성질이 있어요.

그래서 풍선이 부풀어 오르는 거랍니다."

모두 엄마의 얘기에 귀를 기울이며 고개를 끄덕였어요.

풍선을 준비한 엄마의 선택이 적중한 것 같아요.

대성이의 풍선에서 갑자기 바람이 빠져나가며 픽, 방귀 소리 같은 큰 소리가 났어요.

친구들이 모두 대성이 쪽을 쳐다보았어요.

"대성이 풍선이 방귀를 뀌었나 봐요. 방귀도 배 속의 공기가 빠져나가는 거랍니다."

엄마의 재치 있는 얘기에 모두가   깔깔 웃었어요.

어느새 한 시간이 훌쩍 지나갔어요.

엄마, 오늘 수업 재미있었어요!

과학
공기의 성질

맛보기

◑ 빈칸에 알맞은 낱말을 왼쪽 글의 주황색 낱말 중에서 찾아 써 보세요.
잘 모를 땐 💡를 보거나, ❶~❸에서 골라 쓰세요.

1 눈이 온다던 일기 예보가 적 중 했어요.

💡 예상이나 추측이 들어맞는 것을 뜻해요.

❶ 관중　　　　❷ 체중　　　　❸ 적중

2 고체와 액체는 서로 다른 　　　을 가지고 있어요.

💡 사물이나 사람이 가지고 있는 고유의 특성이나 본바탕을 말해요.

❶ 성질　　　　❷ 성적　　　　❸ 성악

3 이어달리기를 준비하는 우리 반 선수들에게 "　　　　!" 하고 외쳤어요.

💡 운동 경기 등에서 힘내어 잘하자는 뜻으로 외치는 소리예요.

❶ 파김치　　　❷ 파충류　　　❸ 파이팅

4 우리는 자리를 좁혀 한 사람이 더 앉을 　　　을 만들었어요.

💡 한자로는 비어 있는 틈을 뜻해요.

❶ 공간　　　　❷ 일간　　　　❸ 야간

5 이 논문은 신문 기사를 　　　로 삼아 연구한 것이에요.

💡 바탕이 되는 재료를 말해요.

❶ 자네　　　　❷ 자료　　　　❸ 자라

6 글을 쓸 때에는 목적에 맞는 글감을 잘 　　　하는 것이 중요해요.

💡 여럿 가운데서 필요한 것을 골라 뽑는 것을 뜻해요.

❶ 선탠　　　　❷ 선택　　　　❸ 선물

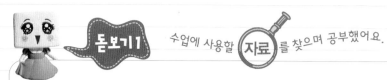

쑥개떡과 초코는 나중에 과자 가게를 함께 차리기로 약속한 사이란다.
둘은 맛있는 과자를 만드는 방법을 알고 싶었어.
그래서 과자를 만드는 데 무엇이 필요한지 '자료'를 찾아보기로 했단다.
자료는 무엇을 만들거나 이루는 데에 바탕이 되는 재료를 말해.

우리 둘의 꿈은 함께 과자 가게를 차리는 것!

바탕 자 資   재료 료 料

자료

낱·교 무엇을 만들거나 이루는 데에 바탕【資】이 되는 재료【料】.
예 선거에 관한 자료를 찾기 위해 국회 도서관에 갔어요.

낱은 낱글자 풀이, 교는 교과서의 뜻이야!

재료 재 材   재료 료 料

재료

교 어떤 것을 만드는 데 쓰이는 것.
예 김치만두를 만들 재료를 준비했어요.

'재료'는 어떤 것을 만드는 데 쓰이는 것, 또는 필요한 것을 말해.
종이를 만드는 데는 나무가 재료로 쓰이고,
재미있는 이야기를 만들려면 이야깃거리가 재료로 필요하단다.

가질 취 取   재료 재 材

취재

낱·교 기사나 작품의 재료【材】가 될 만한 이야깃거리를 찾고 조사하여 모음【取】.
예 삼촌의 직업은 스포츠 경기를 취재하는 기자예요.

별사탕 박사님! 과자 만드는 비법을 취재하러 왔어요!

쑥개떡과 초코는 별사탕 박사님을 '취재'하러 갔어.
신기하고 맛있는 과자의 발명가로 유명한 분이거든.
기사나 작품 등의 재료가 될 만한 이야깃거리를
찾고 조사하여 모으는 것을 취재라고 해.

잘 왔어, 얘들아! 과자라면 내게 맡겨!

별사탕 박사님은 둘을 반갑게 맞아 주셨어. 그러고는 개발 중인 새 과자를 예로 들어
과자의 재료에 대해 친절하게 설명해 주셨단다.

쏙쏙 문제

빈칸에 알맞은 낱말을 〈보기〉에서 골라 써 보세요.   〈보기〉 취재, 재료, 자료

• 우리나라 농촌 문제를 ❶⬜⬜⬜ 하기 위해서 강원도로 찾아갔어요.

• 우리나라의 독립 운동에 관한 사진 ❷⬜⬜⬜를 인터넷에서 찾아봤어요.

• 김치를 담그려면 배추, 고춧가루 따위의 ❸⬜⬜⬜가 필요해요.

재질

재료 재【材】 바탕 질【質】

낱·교 재료【材】의 성질【質】.
예 이 책상은 재질이 단단한 나무로 만들어서 무척 튼튼해요.

초코빵과 떡은 재질이 다르기 때문에 씹는 맛이 새로워!

별사탕 박사님이 새로 만드는 과자의 이름은 초코빵떡이야.
'재질'이 다른 초코빵과 떡을 한꺼번에 맛볼 수 있는 과자였어.
재질은 재료의 성질을 말한단다. 초코빵의 부드러운
성질과 떡의 쫄깃쫄깃한 성질이 어우러져 맛도 훌륭했어.

떡은 쫄깃! 초코빵은 보들! 이렇게 재질이 다른 거죠?

옷, 똑똑해! 과자 박사의 자질이 있어~.

자질

바탕 자【資】 근본 질【質】

낱 원래부터 타고난 바탕【資】과 근본【質】.
교 어떤 일을 할 만한 능력이나 소질.
예 작은누나는 화가가 될 자질이 엿보인다.

박사님은 설명을 잘 이해하는 쑥개떡에게
과자 박사의 '자질'이 보인다며 크게 칭찬해 주셨단다.
어떤 일을 할 만한 능력이나 소질을 자질이라고 해.

자본

재물 자【資】 바탕 본【本】

낱 어떤 일을 하는 데 바탕【本】이 되는 재물【資】.
교 장사나 사업을 하는 데 필요한 밑천이 되는 것.
예 집을 팔아 사업 자본을 마련하다.

'자【資】'에는 '바탕'과 '재물'의 두 가지 뜻이 있어요.

와! 이 정도면 우리가 과자 가게를 열 만한 자본으로 충분하겠어!

초코와 쑥개떡은 취재를 마치고 돌아오는 길에
과자가 주렁주렁 열린 과자의 숲을 발견했어.
둘은 과자를 한 아름 따다가 과자 가게를 열 '자본'으로
삼았단다. 자본은 장사나 사업을 하는 데 필요한 밑천이 되는 것을 뜻해.
이렇게 둘은 과자 가게를 차릴 준비를 성공적으로 끝냈단다.

쏙쏙 문제

빈칸에 알맞은 낱말을 〈보기〉에서 골라 써 보세요. 〈보기〉 자본, 재질, 자질

• 제 실험 보고서를 읽은 선생님께서 과학자의 ❶_____ 이 보인다며 칭찬해 주셨어요.

• 이모는 결혼하려고 모은 돈을 인터넷 쇼핑몰을 여는 데 필요한 ❷_____ 으로 썼어요.

• ❸_____ 이 좋은 천으로 만든 옷이라서 여러 번 빨아도 옷 모양이 그대로입니다.

材 5급

재료 재

총 7획 | 부수 木, 3획

우리가 생활하며 사용하는 물건들의 재료가 무엇인지 떠올려 보렴. 요즘에는 플라스틱이나 철로 된 물건이 많지만 옛날에는 집, 가구, 종이 등 생활의 곳곳에 나무가 쓰이지 않는 곳이 없었어. 나무【木】는 물건을 만드는 바탕【才】이 되는 재료【材】로 쓰였단다.

나무로 만든 물건들.

한자 암기카드

① 나무【木】는
材
② 물건을 만드는 바탕【才】이 되는 재료이니

나무【木】는 물건을 만드는 바탕【才】이 되는 재료이니, **재료 재.**

木 + 才 = 材
나무 목   바탕 재   재료 재

才 6급

재주, 바탕 재

총 3획 | 부수 才

씨앗은 땅【一】을 뚫고【丨】싹【丿】을 틔우는 재주를 바탕으로 하니, 재주 재, 바탕 재(才).
식물의 씨앗은 땅을 뚫고 나가 싹을 틔우는 재주를 바탕으로 지니고 있단다. 어린이는 무한한 재주를 바탕으로 가지고 있어서 나라의 새싹이라고 하는 거야.

식물의 싹.

재주 재 才   능력 능 能

재능

낱교 재주【才】와 능력【能】.
예 동생은 그림에 재능이 많아요.

재주와 능력을 '재능'이라고 해. 나라의 든든한 재목이 되고 싶다면 자신의 재능을 잘 갈고닦아야 한단다.

'한자 암기카드'를 보고 빈칸에 들어갈 말을 써 보세요.

① ⬭⬭【木】는 물건을 만드는 ② ⬭⬭【才】이 되는 재료이니, 재료 재(材).

材의 뜻은 재료 이고, 음은 ③ ⬭ 입니다.

材의 어원을 생각하면서 필순에 따라 써 보세요.

材 材 材 材 材 材 材

| 材 | 材 | 材 | 材 | 材 | | |

제
1
일
차

1 열기구에서 ❶∼❸으로 이어진 길을 따라가면 두 글자로 된 낱말이 완성됩니다.
그 낱말을 알맞은 뜻과 이으세요.

💡 완성된 세 낱말은
자질, 자본, 자료
입니다.

바탕이 되는
재료.

어떤 일을 할 만한
능력이나 소질.

장사나 사업을
하는데 필요한
밑천.

2 양쪽 한자에 공통으로 들어 있는 글자를 ❶∼❹에서 고르세요.

❶ 木 ❷ 尺 ❸ 手 ❹ 才

재료
재

바탕
재

옛날 어느 나라에 착하고 어진 정치를 펼치는 임금님이 있었어.
백성들도 신하들도 모두 임금님을 존경했단다. 그런데 임금님에게는 걱정거리가
하나 있었어. 태어나서 지금까지 한 번도 웃은 적이 없는 공주님 때문이었지.
공주님이 스무 살이 되던 날, 임금님은 결심했어.
공주를 웃길 수 있는 청년을 사위로 '선택'해야겠다고 말이야.
선택은 여럿 가운데서 필요한 것을 골라 뽑는 것을 말해.

가릴 선選   고를 택擇

선택

낱▸ 가려서【選】고름【擇】.
교▸ 여럿 가운데서 이것저것 고르는 것.
예▸ 보고 싶은 책이 너무 많아서 무엇을 선택할지 모르겠어.

가릴 선選   뽑을 발拔

선발

낱·교▸ 여럿 가운데서 좋은 사람이나
        사물을 가려서【選】뽑음【拔】.
예▸ 장학생을 선발하기 위한 기준을 마련합시다.

임금님은 온 나라에 사위를
'선발'한다는 방을 붙였단다.
여럿 가운데서 좋은 사람이나 사물을
가려 뽑는 것을 선발이라고 해.

가릴 선選   나눌 별別

선별

낱▸ 가려서【選】 나누어【別】 놓음.
교▸ 어떤 것을 따로 가려내는 것.
예▸ 좋은 콩만 선별해서 내년에 씨앗으로 쓸 거래.

하지만 지원한 청년의 수가 너무 많아서
웃기는 재주가 뛰어난 사람을 '선별'할
필요가 있었어. 선별은 어떤 것을 가려서
따로 나누는 것을 뜻해.
임금님은 웃기는 실력이 뛰어난 두 명을
먼저 뽑으라고 명했어.

 쏙쏙 문제

빈칸에 알맞은 낱말을 〈보기〉에서 골라 써 보세요.   〈보기〉 선택, 선발, 선별

• 시험 문제의 보기가 모두 정답 같아서 몇 번을 ❶◯◯ 해야 할지 모르겠어요.

• 큰형이 특수 부대 요원으로 ❷◯◯ 되었어요.

• 우리 농장은 품질 관리 기준에 맞추어 ❸◯◯ 한 매실만을 고객님께 배달합니다.

제 2 일 차

두 량 兩   것 자 者   고를 택 擇   하나 일 一

양자택일

낱·교▸ 두【兩】 개의 것【者】 가운데서 하나【一】를 고름【擇】.
예▸ 제주도로 갈지 울릉도로 갈지 양자택일해라.

마지막까지 남은 두 명 가운데 '양자택일'하기 위해서 임금님은
공주님을 웃겨 보라고 했단다. 둘 중에서 하나를 고르는 것이
양자택일(兩者擇一)이야. 두 청년의 온갖 웃긴 얘기에도 좀처럼 웃지 않던
공주님은 한 청년의 방귀 소리에 그만 웃음보를 터뜨리고 말았어.

고를 택 擇   날 일 日

택일

낱▸ 좋은 날【日】을 고름【擇】.
교▸ 혼인이나 이사 따위의 중요한 일을 할 날을 고름.
예▸ 이모의 결혼식 날짜는 외할머니께서 택일한 날로 정해졌어요.

건강한 방귀 소리 덕분에 사위로 결정된 청년과 공주님의 결혼식
날짜를 '택일'하기 위해서 신하들이 모였어. 혼인이나 이사 따위의
중요한 일을 할 날을 고르는 것을 택일(擇日)이라고 해.

가려낼 채 採   뽑을 택 擇

채택

낱▸ 가려내어【採】 뽑음【擇】.
교▸ 작품, 의견, 제도 따위를 여럿 가운데서 골라 뽑는 것.
예▸ 내 의견이 채택되었으면 좋겠어.

다가올 공주님의 생일날로 하자는 등 여러 가지 의견이 나온
가운데, 천문에 재주가 뛰어난 신하의 의견이 '채택'되었어.
맑고 화창한 날을 선별하는 재주가 있었거든. 작품이나 의견,
제도 따위를 여럿 가운데서 골라 뽑아 쓰는 것을 채택이라고 해.

쏙쏙 문제

빈칸에 알맞은 낱말을 〈보기〉에서 골라 써 보세요.   〈보기〉 양자택일, 채택, 택일

• 엄마는 간식으로 빵을 먹을지 떡을 먹을지 ❶   하라고 했어요.

• 옛날에는 과거를 보러 한양으로 갈 때 운이 좋다는 날을 ❷   하여 집을 나섰어요.

• 신문사에 보낸 내 의견이 기사로 ❸   되어 신문에 실렸어요.

한자의 뜻과 유래에 대한 설명을 읽고, 한자를 익혀 보세요.

選

5급

가릴 선

총 16획 | 부수 辶, 12획

엄마들은 좋은 곳을 가려서 아이들을 데리고 가지.
자식이 두 명이면 함께 갈 만한 곳을 더욱더 고르게 될 거야.
엄마가 자식 둘【巳巳】을 함께【共】데리고 갈【辶】곳을 가리니,
가릴 선(選)이란다.

한자 암기 카드

① 자식 둘【巳巳】을
② 함께【共】데리고
③ 갈【辶】곳을 가리니

자식 둘【巳巳】을 함께【共】데리고
갈【辶】곳을 가리니, 가릴 선.

巳巳 + 共 + 辶 = 選
(자식 둘)　함께 공　갈 착　가릴 선

❶ '뱀 사(巳)'에는 '자식, 태아'의 뜻이 있으므로 여기서는 '자식'으로 해석함.

가릴 선 選　행할 거 擧

선거

낱 교　모임이나 단체에서 대표자나 임원을 가려【選】 뽑는 일【擧】.

예　우리 학년 대표를 뽑는 선거에 후보로 나가게 되었어요.

가릴 선 選　좋아할 호 好　정도 도 度

선호도

낱 교　여러 가지 중에서 특별히 가려서【選】 좋아하는【好】 정도【度】.

예　요즘은 유기농 채소의 선호도가 높아요.

'한자 암기카드'를 보고 빈칸에 들어갈 말을 써 보세요.

❶ ◯◯【巳巳】을 ❷ ◯◯【共】데리고 ❸ ◯【辶】곳을 가리니, 가릴 선(選).

選의 뜻은 가 리 다 이고, 음은 ❹ ◯ 입니다.

選의 어원을 생각하면서 필순에 따라 써 보세요.

選	選	選	選	選	選	選	選	選	選	選	選	選	選	選
選		選		選		選		選						

다지기

1 상자 안의 뜻에 알맞은 낱말을 찾고 길을 따라가 만나는 친구에게 ◯표 하세요.

2 〈보기〉의 한자를 완성하려면 어떤 길로 가야 할지 알맞은 글자를 따라 선을 긋고, 완성된 한자를 빈칸에 쓰세요.

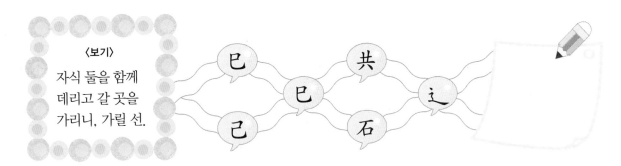

곱 씹 다

쑥개떡아, 시험공부
잘하고 있니?

뭐야, 오징어 다리 먹으면서
만화책을?!

앗앗!! 그러고 보니 내일이
시험인 걸 깜박했네!

시험 과목이
국어던가?
수학이던가??

국어 시험!

아, 그래.
근데 시험 범위가
어디였지?

하여간 덤벙거리는 건
알아줘야 해.

국어

자~ 한 번 쫙
읽어 봤으니 공부 끝!

촤락

한 번 읽고 끝이라니?!
그럼 내가 문제를 하나 내지.

우리말인 '곱씹다'는
무슨 뜻?

곱씹다?
씹다? 곱??

곱씹다의 곱은 '곱하기' 할 때 곱. 즉 여러 번 되풀이할 때 쓰는 '곱'이 씹다란 말과 합쳐진 것이 '곱씹다'야.

여러 번 되풀이
곱 + 씹다

아하! 바로 이 오징어 다리를 거듭하여 씹을 때 쓸 수 있는 말이군.

오징어 다리는 곱씹을수록 달고 맛있어!!

그렇게 음식을 씹을 때 외에도 말이나 생각 따위를 곰곰이 되풀이할 때 '곱씹다'란 말을 쓰지.

시험 범위를 몇 번씩 곱씹어 읽어 보라고!

파라락~

두 번, 세 번, 네 번 곱씹어 말하면서 외워!

달달달

다음 날

시험 끝!! 그렇게 열심히 공부했으니 쑥개떡이 100점이겠지?

답을 밀려 써서 망했어! 곱씹어 생각할수록 괴롭기 짝이 없다고!!

◑ 글 속의 주황색 낱말들은 무슨 뜻일까요? 잘 생각하면서 다음 글을 읽어 보세요.

자옥이네 가족이 모두 잠든 고요한 밤.

지하실에서는 심각한 회의가 열리고 있어요.

자옥이 집에 살고 있는 생쥐들이 다 모였어요.

부엌에 가서 먹을 것을 가지고 오는 일이 이제 힘들어졌기 때문이에요.

왜냐하면, 자옥이가 고양이를 생일 선물로 받았거든요.

어떻게 하면 고양이를 피해 자유롭게 부엌을 드나들 수 있을까,

생쥐들은 원 모양으로 동그랗게 둘러앉아 토론했어요.

파랑 쥐가 고양이는 수염으로 먹이가 있는 곳을 알아내니,

고양이의 수염을 뽑자고 주장했어요.

수염을 뽑으러 갈 쥐가 어디 있냐며 노랑 쥐가 반대했어요.

이때 보라 쥐가 옆집 개에게 도움을 청하자고 제안했어요.

"옳거니, 개와 고양이는 옛날부터 서로 원수 사이라지." 하며 주황 쥐도 찬성했어요.

모든 생쥐가 보라 쥐의 의견에 박수를 쳤어요.

보라 쥐와 주황 쥐는 생쥐 대표로 옆집 개를 만나러 갔어요.

옆집 개는 생쥐들의 사정을 듣더니 풋 코웃음을 쳤어요.

"자네들 뭘 모르는구먼. 요즘 고양이들은 생쥐 따위는 먹이로 생각지도 않는다네.

고양이 사료가 훨씬 맛있거든. 그러니 걱정들 말게."

이 말을 들은 보라 쥐와 주황 쥐는 기뻐해야 할지
슬퍼해야 할지 알 수 없었어요.

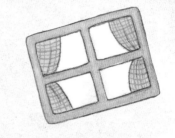

맛보기

◑ 빈칸에 알맞은 낱말을 왼쪽 글의 주황 낱말 중에서 찾아 써 보세요.
잘 모를 땐 💡 를 보거나, ❶~❸에서 골라 쓰세요.

1 이 문제는 심 각 하게 검토해 볼 필요가 있어요.
💡 상태나 정도가 매우 깊고 중대하다는 뜻이에요.

❶ 심청   ❷ 심각   ❸ 심술

2 친구들과 여럿이 둥근 ⬭ 을 만들어 이동하면서 흥겹게 춤을 추어 봅시다.
💡 둥글게 그려진 모양이나 형태를 말해요.

❶ 원   ❷ 물   ❸ 각

3 한 달에 한 번씩 대청소를 하자는 ⬭ 에 모두가 찬성했어요.
💡 안을 내어 놓는 것. 또는 그 안을 가리켜요.

❶ 제곱   ❷ 제비   ❸ 제안

4 양쪽 ⬭ 이 모두 그럴듯한 이유를 가지고 있어서 판단하기가 어려워요.
💡 자기의 의견을 굳게 내세우는 것. 또는 그 의견을 가리켜요.

❶ 간장   ❷ 주장   ❸ 된장

5 국회의원들은 사형 제도에 대해 열띤 ⬭ 을 벌였어요.
💡 어떤 문제에 대하여 여러 사람이 각각 의견을 말하며 논의하는 것을 말해요.

❶ 토론   ❷ 토성   ❸ 토인

6 어린 강아지에게는 따뜻한 물에 ⬭ 를 불려서 먹이면 좋아요.
💡 애완동물이나 가축에게 주는 먹이를 뜻해요.

❶ 무료   ❷ 유료   ❸ 사료

 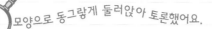

동그란 모양.

태양, 동전, 보름달, 타이어, 반지 등은 모두 동그라미 모양을 하고 있어.
이처럼 동그란 꼴을 하고 있는 것을 가리켜 '원'이라고 한단다.
수학에서는 한 점에서 같은 거리에 있는 점들을
연결한 동그란 도형을 말해. 이 뜻을 잘 새겨들으면
원을 만드는 방법을 알 수 있단다.

둥글 원 圓

원

낱▶ 둥글게【圓】 그려진 모양이나 형태. 동그라미.
교▶ ❶ 해나 보름달처럼 동그란 꼴.
　　❷ 한 점에서 같은 거리에 있는 점들을 모두 이은 곡선.
예▶ 손에 손 잡고 원을 만들자.

그럼 함께 원을 만들어 볼까?

길이가 같은 나무젓가락 여러 개를 가운데의 점 하나를 중심으로
그림과 같이 늘어놓아 보렴. 펼쳐진 나무젓가락의 바깥쪽 끝을
쭉 연결하면 동그란 모양이 되지. 이 모양이 바로 '원'이란다.

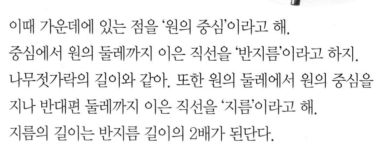

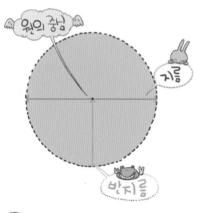

이때 가운데에 있는 점을 '원의 중심'이라고 해.
중심에서 원의 둘레까지 이은 직선을 '반지름'이라고 하지.
나무젓가락의 길이와 같아. 또한 원의 둘레에서 원의 중심을
지나 반대편 둘레까지 이은 직선을 '지름'이라고 해.
지름의 길이는 반지름 길이의 2배가 된단다.

 쏙쏙 문제

빈칸에 알맞은 낱말을 〈보기〉에서 골라 써 보세요.　　〈보기〉 원, 지름, 반지름

• 한 점에서 같은 거리에 있는 점을 모두 이은 곡선을 ❶◯◯ 이라고 해요.

• 반지름의 길이는 ❷◯◯◯ 의 $\frac{1}{2}$입니다.

• 중심에서 원의 둘레까지 이은 직선을 ❸◯◯◯ 이라고 해요.

제3일차

그럼 '둥글 원(圓)'이 들어간 낱말들을 살펴보자.

같을 동 同　가운데 심 心　둥글 원 圓

동심원

낱 같은【同】 중심【心】을 가진 원【圓】.
교 중심이 같고 반지름의 길이와 크기가 다른 여러 개의 원.
예 연못에 떨어진 빗방울이 동심원을 그리고 있다.

물이 고인 곳에 빗방울이 톡톡 떨어지는 모습을 보렴.
'동심원'을 만들며 번져 나간단다. 동심원은 같은 중심을 가진 원을 말해.
여러 개의 원이 생기며 퍼져 나가지만 중심은 모두 한곳이니까 말이야.

중심은 같지만 반지름의 길이가 다른 원이 하나, 둘, 셋, 넷…♪

동심원무늬.

반 반 半　둥글 원 圓

비 갠 하늘의 반원 모양 무지개.

반원

낱 교 원【圓】을 반【半】으로 나눈 한 부분.
예 반원 모양의 송편을 빚었어요.

어느새 비가 개고 하늘에는 '반원' 모양의
일곱 빛깔 무지개가 예쁘게 걸려 있어.
원을 반으로 나눈 한 부분을 반원이라고 해. 피자 한 판을 반으로 뚝 나누면
반원 모양, 만두피를 반으로 접은 것도 반원 모양이지.

어쩜, 얼굴들이 셋 다 반원 모양이구나, 호홍.

잘 부탁드립니다~!!

둥글 원 圓　책상 탁 卓

원탁

낱 교 둥근【圓】 탁자【卓】.
예 우리는 원탁에 둘러앉아 자유롭게 의견을 교환했다.

둥근 탁자를 '원탁'이라고 해.
원탁은 네모 탁자와는 달리 사람들이
같은 거리에 앉아 얘기를 할 수 있지.
높은 사람, 낮은 사람의 구분이 없이
대등한 분위기에서 회의를 할 수 있단다.
그래서 국제회의는 원탁에서 하는 경우가 많아.

원탁회의.

쏙쏙 문제

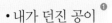

빈칸에 알맞은 낱말을 〈보기〉에서 골라 써 보세요.　〈보기〉 동심원, 반원, 원탁

• 내가 던진 공이 ❶　　　　　 모양의 곡선을 그리며 운동장 구석으로 날아갔어요.

• 국제회의에서는 주로 위아래 자리의 구분이 없는 둥그런 ❷　　　　　 에서 회의를 해요.

• 잔잔한 물에 돌을 던지자 물결이 ❸　　　　　 을 그리면서 퍼져 나갔어요.

圓 ^{준4급}

둥글 원

총 13획 | 부수 囗, 10획

전쟁이 잦았던 옛날에는 싸움이 나면 백성들을 모두 성안으로 들여보냈단다. 둥그렇게 에워싼 성벽 안에서 사람들을 보호하기 위해서였어. '둥글 원(圓)'은 성벽【囗】이 사람【員】을 둥글게 둘러싼 모습을 본뜬 글자란다.

수원 장안문의 둥그런 성벽.

한자 **암기카드**

① 성벽【囗】이
② 사람【員】을 둥글게 둘러싼 모습이니

성벽【囗】이 사람【員】을 둥글게 둘러싼 모습이니, 둥글 원.

囗 + 員 = 圓

(성벽 모양)　사람 원　둥글 원

❶'囗'은 '에운담'이나 여기서는 성벽으로 해석함.

員 ^{준4급}

사람 원

총 10획 | 부수 口, 7획

입【口】으로 먹고살기 위해 재물【貝】이 필요한 것이 사람이니, 사람 원(員).

사자나 호랑이는 먹고살기 위해 입으로 먹이를 직접 잡아먹지. 하지만 사람【員】이 입【口】으로 먹고살기 위해서는 재물【貝】이 필요하단다.

감사합니다, 어머님!

옜다, 받거라!

사람이 먹고살려면 재물이 필요해요! 겨우 5천 원이라닛!

그럼, 그럼! 사냥을 할 수도 없고!

'한자 암기카드'를 보고 빈칸에 들어갈 말을 써 보세요.

❶〔　　　〕【囗】이 ❷〔　　　〕【員】을 둥글게 둘러싼 모습이니, 둥글 원(圓).

圓의 뜻은 ┃둥글다┃이고, 음은 ❸〔　〕입니다.

圓의 어원을 생각하면서 필순에 따라 써 보세요.

圓 圓 圓 圓 圓 圓 圓 圓 圓 圓 圓 圓 圓

제**3**일차

1 돌담 안에 든 낱말 가운데 ❶~❸의 뜻에 맞는 낱말을 찾아 ⌒ 로 묶고, 빈칸에 낱말을 쓰세요.

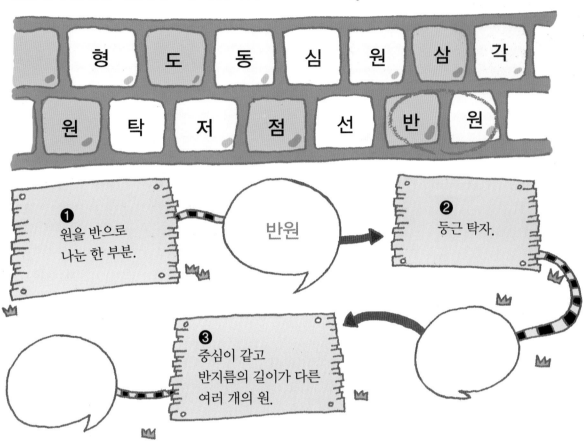

| 형 | 도 | 동 | 심 | 원 | 삼 | 각 |
| 원 | 탁 | 저 | 점 | 선 | 반 | 원 |

❶ 원을 반으로 나눈 한 부분.

반원

❷ 둥근 탁자.

❸ 중심이 같고 반지름의 길이가 다른 여러 개의 원.

💡 나란히 붙어 있는 글자로 된 낱말이에요.

2 〈보기〉에서 설명하는 한자를 빈칸에 각각 쓰세요.

〈보기〉 ❶ 입으로 먹고살기 위해 재물이 필요한 것이 사람이니, 사람 원.
❷ 성벽이 사람을 둥글게 둘러싼 모습이니, 둥글 원.

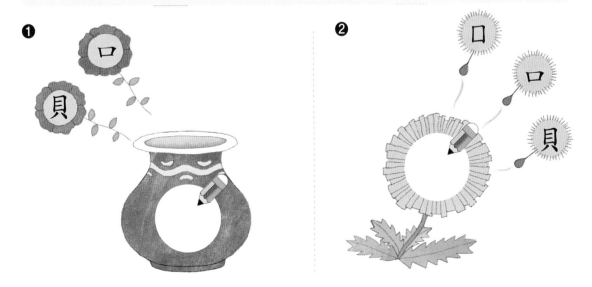

❶ 口 貝

❷ 口 口 貝

💡 바깥쪽에 있는 글자들을 합치면 한자의 모양을 알 수 있어요.

철수네 반의 학급 회의 시간이야. 반 친구들이 열띤 '토론'을 벌였어.
서로 생각이 다른 문제를 놓고 자기 생각을 말하거나 의논하는 것을 토론이라고 해.
"양로원을 찾아가서 할머니 할아버지들을 즐겁게 해 드립시다.", "우리들의
용돈을 모아 자선 단체에 성금을 냅시다." 등 친구들이 각자의 생각을 발표했어.

학급 회의.

따질 토討   논의할 론論

토론

낱 여럿이 모여서 어떤 문제에 대하여 자세히 따지고【討】논의함【論】.
교 서로 생각이 다른 문제를 놓고 자기 생각을 말하거나 의논하는 것.
예 국회의원들은 새로운 세금 제도에 관해 열띤 토론을 했어요.

주될 주主   제목 제題

주제

낱 교 ❶ 중심【主】이 되는 문제【題】나 내용.
❷ 예술 작품에서 작가가 나타내려고 하는 중심【主】내용【題】.
예 오늘 회의의 주제는 '대청소'입니다.

연말연시를 맞아 불우 이웃 돕기를 '주제'로 토론을 벌이는 거란다.
중심이 되는 문제나 내용을 주제라고 해. 글이나 그림 등의 예술 작품에서
작가가 나타내려고 하는 중심 내용을 가리키기도 해.

논의할 론論   다툴 쟁爭

 쟁

낱 교 생각이 다른 사람들이 서로 자기 생각을 주장하며【論】다툼【爭】.
예 옳은 생각을 가진 사람이 늘 논쟁에서 이기는 것은 아니다.

양로원을 방문할 것인가, 자선 단체에 성금을 낼 것인가의
두 계획을 가지고 '논쟁'이 벌어졌어. 생각이 다른 사람들이 서로 자기 생각을
주장하며 다투는 것을 논쟁이라고 한단다.

 쏙쏙 문제

빈칸에 알맞은 낱말을 〈보기〉에서 골라 써 보세요.   〈보기〉 논쟁, 주제, 토론

• 아빠와 삼촌은 정치 문제에 대한 생각이 서로 달라 ❶◯◯을 벌이며 다툴 때가 많아요.

• 이 글의 ❷◯◯는 '부모님의 사랑'입니다.

• 이번 남북 회담에서는 통일을 위한 우선 과제를 ❸◯◯하기로 했어요.

의견
뜻 의 意   볼 견 見

낱 뜻【意】과 견해【見】.
교 어떤 일에 대한 생각이나 느낌, 주장.
예 대화를 통해 의견 차이를 좁혀 보세요.

이때 철수가 새로운 '의견'을 내놓았어.
각자 집에서 쓰지 않는 물건을 가져와 장터를 열고
거기서 번 돈을 기부하자고 말이야.
어떤 일에 대한 생각이나 느낌, 주장 등을 의견이라고 해.

철수가 낸 새로운 의견에 '찬성'하는 친구도 있고 '반대'하는 친구도
있었어. 다른 사람의 의견이 옳거나 좋다고 판단하여 동의하는 것을
찬성이라고 하고, 동의하지 않는 것을 반대라고 해.

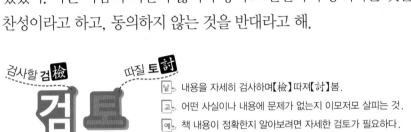

검토
검사할 검 檢   따질 토 討

낱 내용을 자세히 검사하며【檢】따져【討】봄.
교 어떤 사실이나 내용에 문제가 없는지 이모저모 살피는 것.
예 책 내용이 정확한지 알아보려면 자세한 검토가 필요하다.

친구들은 생각을 주고받으며 철수의 새 의견을 함께 '검토'해 봤어.
검토는 어떤 사실이나 내용에 문제가 없는지 이모저모 살피는 것을 말해.
친구들은 쉬는 시간을 이용하면 학교에서도 벼룩시장을 열 수 있겠다는 '결론'을 내렸단다.
결론은 일의 이모저모를 따진 뒤에 내리는 판단을 말해.
글의 마지막 부분에 쓰는 끝맺는 말 역시 결론이라고 하지.

결론
맺을 결 結   논의할 론 論

낱 논의【結】를 맺음【論】.
교 ❶ 끝맺는 부분의 말.
   ❷ 일의 이모저모를 따진 뒤에 내리는 판단.
예 아이들의 의견을 모아 결론을 내렸다.

이렇게 해서 다음 주 월요일에 벼룩시장을 열어서 번 돈을
불우 이웃에게 기부하기로 하고 학급 회의를 마쳤단다.

쏙쏙 문제

빈칸에 알맞은 낱말을 〈보기〉에서 골라 써 보세요.　〈보기〉 결론, 의견, 검토

• 수입 농산물 문제에 대한 서로의 ❶＿＿＿을 교환했어요.
• 제출한 서류는 ❷＿＿＿가 끝나는 대로 돌려드릴 예정입니다.
• 조리 있는 글을 쓰려면 내용을 서론, 본론, ❸＿＿＿으로 나누어 쓰는 것이 좋아요.

한자가 술술

한자의 뜻과 유래에 대한 설명을 읽고, 한자를 익혀 보세요.

論

준 4급

논의할 론

총 15획 | 부수 言, 8획

'말씀 언(言)'과 '모일 륜(侖)'이 만난 글자야.
함께 결정을 내리는 말【言】을 하기 위해 모여【侖】
논의【論】하는 거란다. '모일 륜(侖)'은 사람들【人】이
한【一】곳에서 책【冊】을 읽으려고 모이니, 모일 륜【侖】이야.

한자 암기카드

❶ 말【言】을 하기 위해
❷ 모여【侖】 논의하니

말【言】을 하기 위해 모여【侖】 논의하니,
논의할 론.

言 + 侖 = 論
말씀 언   모일 륜   논의할 론

책상 탁 卓   위 상 上   헛될 공 空   논의할 론 論

탁상공론

📖 책상【卓】 위【上】에서만 떠드는 실현성이 없는 헛된【空】 이론【論】이나 생각.
📖 실제로 벌어지는 일은 하나도 모르고 책상머리에 앉아 말만 앞세워 떠드는 것.
📖 미국과의 협상 회의가 탁상공론으로 끝나고 말았다.

이제 탁상공론은 그만하고 결론을 내요, 인절미 할머니!

'탁상공론'은 이것 하자 저것 하자 책상 위에서 말을 늘어놓지만 정작 실제로
할 수 있는 의견은 없는 헛된 이론이나 생각을 말해.

'한자 암기카드'를 보고 빈칸에 들어갈 말을 써 보세요.

❶ ◯【言】을 하기 위해 ❷ ◯◯【侖】 논의하니, 논의할 론(論).

論의 뜻은 논 의 하 다 이고, 음은 ❸ ◯ 입니다.

論의 어원을 생각하면서 필순에 따라 써 보세요.

| 論 | 論 | 論 | 論 | 論 | 論 | 論 | 論 | 論 | 論 | 論 | 論 | 論 | 論 | 論 |

| 論 | 論 | 論 | 論 | 論 | | | |

다지기

1 ❶~❹의 뜻에 맞는 낱말이 되도록 빈칸에 글자를 쓰세요.

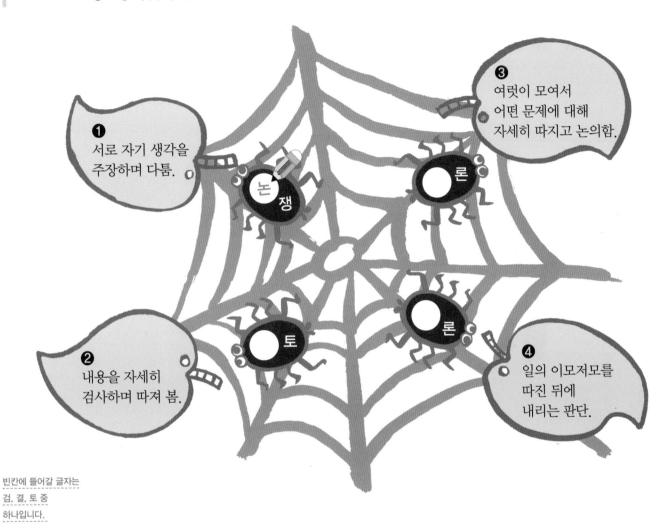

❸ 여럿이 모여서 어떤 문제에 대해 자세히 따지고 논의함.

❶ 서로 자기 생각을 주장하며 다툼.

❷ 내용을 자세히 검사하며 따져 봄.

❹ 일의 이모저모를 따진 뒤에 내리는 판단.

💡 빈칸에 들어갈 글자는 검, 결, 토 중 하나입니다.

2 〈보기〉의 한자를 완성하려면 어떤 글자 조각이 필요한지 ❶~❹에서 고르세요.

〈보기〉 말을 하기 위해 모여 논의하니, 논의할 론.

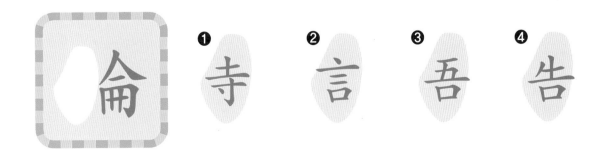

체험 학습 보고서	장소	전통놀이 체험 교실

전통놀이 체험 교실에 가서 고무총을 만들었다. Y자 모양의

'나뭇가지'라고 써야 해.   '금세'가 맞아.

나무가지에 고무줄을 달면 금새 멋진 고무총이 된다. 작은

'돌멩이'라고 써야 해.   '늘이면'이 옳단다.

돌맹이를 주워 총알로 썼다. 고무줄을 많이 늘리면 총알이 멀

리 날아간다. 하지만 힘이 많이 들었다.

*이 글은 초등학교 3학년 어린이가 쓴 체험 학습 보고서입니다.

엿가락은 '늘이고', 시간은 '늘리고'

고무줄을 길게 잡아당길 때는
'늘리다'가 아니라 '늘이다'라고 쓰는 거야.
'늘이다'는 고무줄이나 엿가락 같은 물건을 잡아당겨
본디보다 더 길게 할 때 쓰는 말이지.
'늘리다'는 물체의 길이나 넓이 따위를 커지게 하거나
수나 분량, 시간 따위를 본디보다 많아지게 할 때 쓴단다.

선분을 늘이면
어떻게 될까?

늘이다

- 본디보다 더 길게 하다.
  예 엿가락을 늘이다.

- 선 따위를 연장하여 계속 긋다.
  예 선분 ㄱㄴ을 늘이면 다른 선분과
  만나게 된다.

키가 커져
바짓단을 늘렸어!

늘리다

- 물체의 길이나 넓이, 부피
  따위를 본디보다 커지게
  하다.
  예 바짓단을 10cm 늘렸다.

- 수나 분량, 시간 따위를
  본디보다 많아지게 하다.
  예 시험 시간을 30분 늘렸다.

1

❶～❸에서 사다리를 타면 같은 색의 빈칸이 나와요.

❶～❸의 뜻에 맞는 낱말이 되도록 빈칸에 알맞은 글자를 쓰세요.

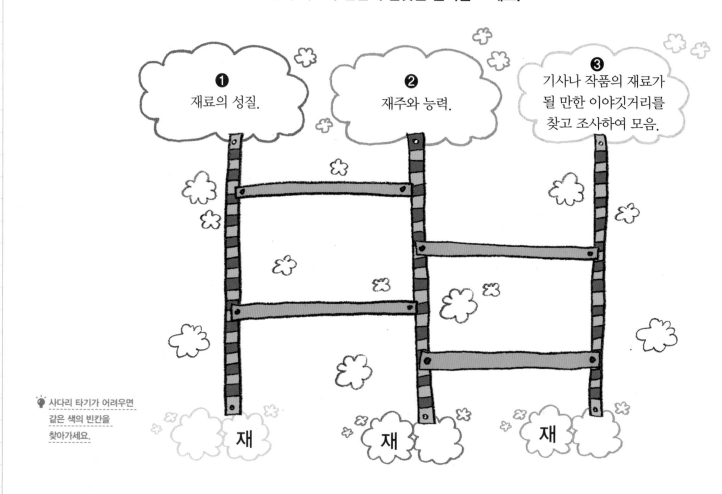

❶ 재료의 성질.

❷ 재주와 능력.

❸ 기사나 작품의 재료가 될 만한 이야깃거리를 찾고 조사하여 모음.

💡 사다리 타기가 어려우면 같은 색의 빈칸을 찾아가세요.

재   재   재

2

왼쪽에 음뜻이 주어진 한자를 오른쪽 빈칸에 쓰세요.

木   才

나무는 물건을 만드는 바탕이 되는 재료이니, 재료 재.

재료 재

💡 구름 속 글자들을 더하면 한자의 모양을 알 수 있어요.

제 5 일차

3 아래 빈칸에 들어갈 낱말을 우산에서 찾아 바른 순서대로 쓰세요.

❶ 중심이 되는 문제나 내용을 ○○라고 해요.
❷ 어떤 일에 대한 생각이나 느낌, 주장을 ○○이라고 해요.
❸ ○○○○은 책상 위에서만 떠드는 헛된 이론이나 생각이에요.

제 / 공 / 의 / 상 / 탁 / 견 / 론 / 주

4 〈보기〉의 한자를 완성하려면 어떤 길로 가야 할지 알맞은 글자를 따라 선을 긋고, 완성된 한자를 빈칸에 쓰세요.

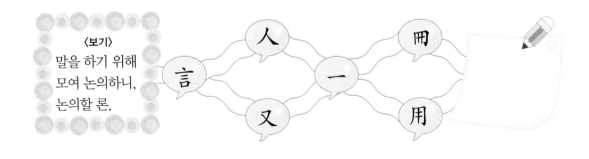

〈보기〉
말을 하기 위해 모여 논의하니, 논의할 론.

言 / 人 / 冊 / 一 / 又 / 用

1. 서로 관계있는 것끼리 연결하세요.

    (1) 책상 위에서만 떠드는 실현성이 없는 헛된 이론이나 생각. •   • 탁상공론

    (2) 두 개의 것 가운데 하나를 고름.   •   • 양자택일

2. 〈보기〉의 뜻을 가진 낱말을 세 글자로 쓰세요.

    〈보기〉 중심이 같고 반지름의 길이와 크기가 다른 여러 개의 원.

    (   )

3. 서로 관계있는 것끼리 연결하세요.

    (1) 씨앗은 땅을 뚫고 싹을 틔우는 재주를 바탕으로 하니, 재주 재. •   • 才

    (2) 말을 하기 위해 모여 논의하니, 논의할 론.   •   • 員

    (3) 입으로 먹고살기 위해 재물이 필요한 것이 사람이니, 사람 원. •   • 論

4 ~ 5 빈칸에 알맞은 낱말을 〈보기〉에서 골라 쓰세요.

    〈보기〉 반원, 재료, 자료, 원탁

4. 사람들이 같은 거리에 앉아 얘기를
   할 수 있기 때문에 국제회의는 (   )에서
   하는 경우가 많아요.

5. 옛날에는 집, 가구, 종이 등 생활에서 사용하는
   물건들의 (   )로 나무를 사용했어요.

6~8 다음 글을 읽고 물음에 답하세요.

> 내일은 우리 학교 체육 대회 날이에요. 나는 우리 반 이어달리기 대표로 ㉠<u>선발</u>되었
> 어요. 수업을 마치고 달리기 연습을 했어요. 내가 달리는 모습을 본 체육 선생님은
> 육상에 ㉡<u>자질</u>이 있다며 칭찬해 주셨어요. 집에 가서 엄마 아빠께 말씀드렸더니 우
> 리 딸이 달리기에 (㉢)이(가) 있는 줄은 몰랐다며 기뻐하셨어요.

6. ㉠의 한자로 바른 것을 고르세요. (   )

❶ 先拔   ❷ 線拔   ❸ 選拔   ❹ 善拔   ❺ 仙拔

7. ㉡의 뜻으로 바른 것을 고르세요. (   )

❶ 어떤 일을 할 만한 소질이나 능력.

❷ 어떤 일을 하는 데 바탕이 되는 재물.

❸ 혼인이나 이사 따위의 중요한 일을 할 날을 고름.

❹ 내용을 자세히 검사하며 따져 봄.

❺ 작품, 의견, 제도 따위를 여럿 가운데서 골라 뽑는 것.

8. ㉢에 들어갈 알맞은 낱말을 고르세요. (   )

❶ 재료   ❷ 재능   ❸ 재질   ❹ 자본   ❺ 자료

9~10 밑줄 친 낱말은 잘못 쓰인 것입니다. 고쳐 쓸 낱말을 고르세요.

9. 선생님께서는 학생들이 제출한 작문을 꼼꼼하게 **논쟁**해 주셨어요.   (   )

❶ 토론   ❷ 결론   ❸ 의견   ❹ 검토   ❺ 주제

10. 기자인 삼촌은 올림픽을 **취소**하기 위해 외국으로 출장을 갔어요.   (   )

❶ 목재   ❷ 취합   ❸ 취지   ❹ 소재   ❺ 취재

멀티미디어, 문자, 음성, 영상을 한 번에!

여러분은 궁금한 것, 알고 싶은 것을 어떻게 전달하고 전달받아?
신문? 텔레비전이나 인터넷? 혹은 친구에게 전화해서 물어보기?
매체 또는 미디어^{media}라는 말을 들어 봤을 거야.
신문이나 잡지 등은 인쇄 매체, 라디오와 텔레비전 등은 전파 매체라고 불러.
매체 즉 미디어^{media}는 한쪽에서 다른 쪽으로 전달하는 수단을 말해.
처음 전화기가 나왔을 때는 음성만을 전달할 수 있었는데
이제는 음성뿐만 아니라 문자와 그림, 심지어 동영상까지 전달할 수 있는
다양한 매체가 등장했어. 이와 같이 음성, 문자, 그림, 동영상 등을
다양하게 사용하는 매체를 멀티미디어^{multimedia}라고 하지.

multi 많다 **+** **media** 매체 → **multimedia** 멀티미디어

미디어^{media}는 매체라는 뜻이고 멀티^{multi-}는 많다는 뜻이야.
한 가지가 아니라 여러 매체를 사용하기 때문에 멀티^{multi-}라는 말을 쓴 거지.
자, 그럼 오늘은 '많다'라는 뜻을 가진 멀티^{multi-}가 들어간 단어를 알아볼까?

multimillionaire

'백만장자'라는 뜻을 가진
millionaire에 multi-가 붙은 거야.
백만장자보다 돈이 더 많은
사람이니까 '억만장자'라는
뜻이 된단다.

multinational

national은 '국가의'라는 뜻이야.
여기에 multi-가 붙어서
'다국적(多國籍)의'라는 뜻이 되지.
많은 나라, 즉 전 세계에서
활동하고 있다는 말이야.

multilingual

'말을 하는'이라는 뜻의 lingual에
multi-가 붙었어. 말이 많다는
뜻이냐고? 하하, 아깝지만 아니야.
많은 나라, 즉 '여러 나라의 말을
할 수 있는'이라는 뜻이란다.

multiply

multi-가 앞에 와서 '더 많아지다,'
즉 '증가시키다'라는 뜻이 되었어.
곱하면 값이 늘어나지? 그래서
수학에서는 '곱하다'라는 뜻으로 쓰여.

제1일차

05쪽 1. 적중 2. 성질 3. 파이팅
4. 공간 5. 자료 6. 선택
06쪽 ❶ 취재 ❷ 자료 ❸ 재료
07쪽 ❶ 자질 ❷ 자본 ❸ 재질
08쪽 ❶ 나무 ❷ 바탕 ❸ 재

09쪽

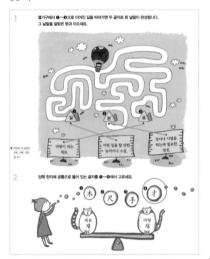

제2일차

10쪽 ❶ 선택 ❷ 선발 ❸ 선별
11쪽 ❶ 양자택일 ❷ 택일 ❸ 채택
12쪽 ❶ 자식 둘 ❷ 함께 ❸ 갈 ❹ 선

13쪽

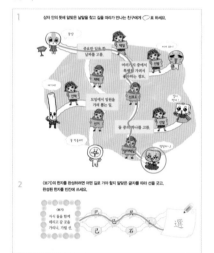

제3일차

17쪽 1. 심각 2. 원 3. 제안
4. 주장 5. 토론 6. 사료
18쪽 ❶ 원 ❷ 지름 ❸ 반지름
19쪽 ❶ 반원 ❷ 원탁 ❸ 동심원
20쪽 ❶ 성벽 ❷ 사람 ❸ 원

21쪽

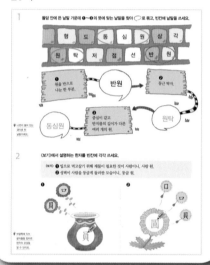

제4일차

22쪽 ❶ 논쟁 ❷ 주제 ❸ 토론
23쪽 ❶ 의견 ❷ 검토 ❸ 결론
24쪽 ❶ 말 ❷ 모여 ❸ 론

25쪽

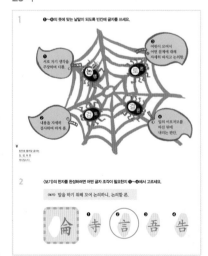

제5일차

도전! 어휘왕
28-29쪽

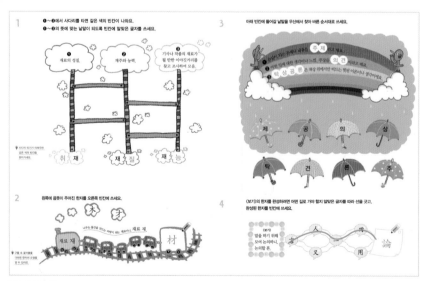

평가 문제
30-31쪽 1. (1) 탁상공론 (2) 양자택일 2. 동심원 3. (1) 才 (2) 論 (3) 員
4. 원탁 5. 재료 6. ❸ 7. ❶ 8. ❷ 9. ❹ 10. ❺

음악과 관련된 말들

엄마랑 음악회에 가면 난 따분하기 그지없는데
엄마는 관악기 소리가 힘차다는 둥 지휘자가 멋지다는 둥
정신이 홀려 있어. 엄마는 내가 음악과 관련된 말들을
좀 더 안다면 음악이 귀에 쏙쏙 들어올 거라는데?

관악기(管樂器) 속이 비어 있는 관을 입으로 불어서 관 안의 공기를 진동시켜 소리를 내는 악기야.
목관 악기와 금관 악기가 있어.

목관 악기(木管 樂器) 나무로 만든 관을 따라 크고 작은 구멍이 나 있어. 대표적인 악기로
리코더, 클라리넷, 오보에, 바순 따위가 있어. 우리나라의 대금과 단소도 목관 악기야.
요즘에는 플라스틱이나 금속으로 만들기도 해.

금관 악기(金管 樂器) 금속으로 만든 관악기로 색소폰, 트럼펫, 트롬본, 호른 따위가 있어.

타악기(打樂器) 어떤 물체를 두드리거나 때려서 소리를 내는 악기야.
큰북, 작은북, 마림바, 비브라폰, 팀파니, 실로폰, 심벌즈, 징, 꽹과리 따위가 타악기야.

현악기(絃樂器) 줄을 진동시켜서 소리를 내는 악기야. 기타와 하프는 줄을 퉁겨서 소리를 내고, 바이올린,
비올라, 첼로, 콘트라베이스, 해금 따위의 악기는 활로 줄을 마찰시켜서 소리를 낸단다.

건반 악기(鍵盤 樂器) 손가락으로 칠 수 있는 건반이나 버튼이 달린 악기야.
피아노, 오르간, 아코디언 따위가 건반 악기야.

관현악단(管絃樂團) 관악기와 현악기, 타악기를 모아 연주하는 단체를 말해. 오케스트라라고도 해.

지휘자(指揮者) 합창이나 합주를 할 때 여러 사람의 노래나 연주가 잘되도록 앞에서 이끄는 일을 하는
사람이야. 주로 손이나 몸동작으로 지시를 해.

독창(獨唱) 한 사람이 노래하는 것을 말해.
피아노로 반주하거나 다른 악기로 반주할 때도 있어. 솔로라고도 해.

제창(齊唱) 두 사람 이상이 같은 가락을 함께 노래하는 거야.
두 사람이 부르는 것을 병창이라고 하는데, 병창도 제창 가운데 하나야.
조회 때 애국가나 교가를 다 함께 부르는 것이 제창이야.

합창(合唱) 여러 사람이 두 패 이상으로 나뉘어 각 패대로 다른 가락을 노래하는 거야.
화음이 어우러져 멋진 소리가 나지.

공부잡는 어휘왕 스스로 평가표

01
다음 중 뜻을 자신 있게 말할 수 있는 낱말은 ○표, 알쏭달쏭한 낱말은 △표, 자신 없는 낱말은 ×표 하세요.

자료 (   )   선택 (   )   원 (   )   토론 (   )

02
다음 중 뜻과 음을 자신 있게 말할 수 있는 한자는 ○표, 알쏭달쏭한 한자는 △표, 자신 없는 한자는 ×표 하세요.

材 (   )   選 (   )   圓 (   )   論 (   )

03
〈평가 문제〉를 모두 풀고 정답을 확인해 보세요. 10문항 중 내가 맞힌 문항 수는 몇 개인가요?

❶ 9-10문항 (   )   ❷ 7-8문항 (   )   ❸ 5-6문항 (   )   ❹ 3-4문항 (   )   ❺ 1-2문항 (   )

| 부모님과 선생님께 |

위에서 어린이가 스스로 적은 내용을 보고, 어린이가 어려워하는 부분을 함께 보면서 어휘의 뜻과 쓰임을
이해할 수 있도록 해 주세요.

초등 2-1 단계

어휘를 알아야 만점을 잡는다!

스토리텔링식 신교과서 학습을 위한

마법의 상위권 어휘

제 **3** 호

어휘가
쑥쑥 자라요.

부모님과 선생님께서는 이렇게 지도해 주세요

제 1 일차	제 2 일차	제 3 일차	제 4 일차	제 5 일차
전시회에 다녀온 이야기를 읽고, 대표 어휘 '적당'과 한자 '適'을 익힙니다. '적당'에서 확장된 여러 낱말의 뜻을 스스로 추론해 보도록 지도해 주세요.	대표 어휘 '참여'의 뜻과 한자 '參'을 익히고' 관계있는 낱말도 함께 익힙니다. 다지기 문제를 풀어 보고, '설익다'라는 낱말의 뜻과 쓰임도 익히도록 해 주세요.	베토벤의 교향곡 이야기를 읽고, 대표 어휘 '작곡'과 한자 '曲'을 익힙니다. '작곡'에서 확장된 여러 낱말의 뜻을 스스로 추론해 보도록 지도해 주세요.	대표 어휘 '시련'의 뜻과 한자 '試'를 익히고, 관계있는 낱말도 함께 익힙니다. 다지기 문제를 풀어 보고, '다리다'와 '달이다'를 구별하여 쓰도록 해 주세요.	재미있는 게임 문제와 학교 시험 유형의 평가 문제를 풀며 어휘 실력을 다집니다. '모빌(mobile)'과 구성 원리가 비슷한 영어 단어들도 함께 익히도록 해 주세요.

이런 내용을 배워요!

백남준 할아버지의 전시회에 다녀왔어요.
못 쓰는 기계의 부품들이 로봇으로도
변신할 수 있는 것을 보고
집에 와서 나도 로봇을 만들어 보았어요.

어휘랑 놀자 1

아름답고 궁금한 우리말 이야기

설익다

제 1 일차

교과서 학습 어휘 01

맛보기

돋보기1

한자가 술술

다지기

적당

보호색 적응
적성 적임자 적용

適

제 2 일차

돋보기2

한자가 술술

다지기

참여

참가 참석
참고 기여 동참 불참

參

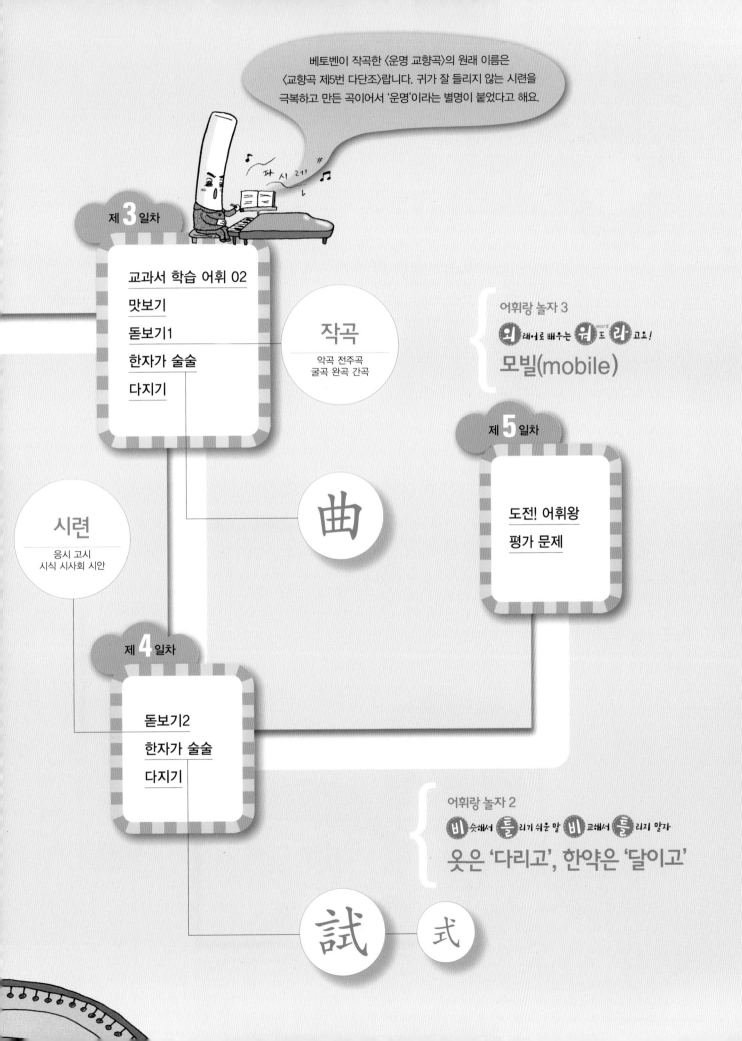

베토벤이 작곡한 〈운명 교향곡〉의 원래 이름은
〈교향곡 제5번 다단조〉랍니다. 귀가 잘 들리지 않는 시련을
극복하고 만든 곡이어서 '운명'이라는 별명이 붙었다고 해요.

돋보기 적당 · 참여

● 글 속의 주황색 낱말들은 무슨 뜻일까요? 잘 생각하면서 다음 글을 읽어 보세요.

백남준 할아버지의 전시회에 다녀왔어요.

나는 〈참여TV〉라는 작품이 제일 마음에 들었어요.

마이크에 대고 소리를 내면 텔레비전 모니터에 형형색색의 선들이 뭉친 무늬가

나타나는 희한한 작품이었어요. 전시회에 온 관객들은 노래를 부르기도 하고

손뼉을 치기도 하며 즐겁게 참여했어요.

나는 줄을 서 가며 몇 번이고 다시 해 봤답니다.

못 쓰는 가전제품을 연결하여 로봇을 만들어 놓은 것도 무척 특이했어요.

텔레비전, 라디오, 컴퓨터 부품들이 로봇으로 변신하여 전시된다니

예술의 세계는 정말 무궁무진한 것 같았어요. 나라고 못할 게 없겠다는 생각에

집으로 돌아와 로봇을 만들기에 적당한 물건을 찾아보았어요.

마침 다용도실에서 낡은 시계를 발견했어요. 하지만 시계가 하나밖에 없어서

로봇을 만들기에는 재료가 부족했어요. 나는 두 눈을 질끈 감고 거실의 시계를 떼어 냈어요.

그리고 아빠의 공구 상자에서 도구를 꺼내어 시계 두 개를 연결했답니다.

드디어 작품 완성! 그런데 거실의 시계를 못 쓰게 만들어 놓은 것이 슬슬 걱정되었어요.

딩동, 벨이 울리더니 아빠가 퇴근했어요. 얘기를 들은 멋쟁이 우리 아빠는

오히려 우리 딸 첫 작품이 탄생했다며 칭찬해 주셨어요.

그러고는 '두 개의 시간'이라는

이름을 붙여 주셨답니다.

◑ 빈칸에 알맞은 낱말을 왼쪽 글의 주황색 낱말 중에서 찾아 써 보세요.
잘 모를 땐 💡를 보거나, ❶∼❸에서 골라 쓰세요.

1 백 년 묵은 구렁이가 할머니로 변 신 했어요.

💡 몸의 모양이나 태도 따위를 바꾸는 것을 뜻해요.

❶ 간신　　　　　　　❷ 충신　　　　　　　❸ 변신

2 학년 대표를 뽑는 투표에 한 명도 빠짐없이 　　　　 해 주세요.

💡 어떤 일에 끼어들어 관계하는 것을 말해요.

❶ 참새　　　　　　　❷ 참외　　　　　　　❸ 참여

3 지구에 있는 지하자원은 결코 　　　　　　　 하지 않습니다.

💡 끝이 없고 다함이 없다는 뜻이에요.

❶ 무궁화꽃　　　　　❷ 무궁무진　　　　　❸ 무릉도원

4 나무를 다듬을 때에는 톱이나 대패 따위의 　　　 를 사용해요.

💡 물건을 만들거나 고치는 데에 쓰는 기구나 도구를 통틀어 이르는 말이에요.

❶ 공구　　　　　　　❷ 배구　　　　　　　❸ 농구

5 　　　　　　　 의 전구들을 크리스마스트리에 매달았어요.

💡 모양과 색깔이 서로 다른 여러 가지를 가리켜요.

❶ 형형색색　　　　　❷ 형설지공　　　　　❸ 형제자매

6 여기는 물이 깊지 않아 아이들이 놀기에 　　　 해요.

💡 정도에 알맞다는 뜻이에요.

❶ 식당　　　　　　　❷ 적당　　　　　　　❸ 강당

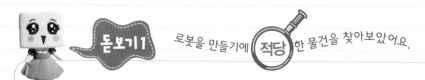

돋보기1 로봇을 만들기에 **적당**한 물건을 찾아보았어요.

군인 아저씨들이 입는 군복은 대부분 초록색이나 갈색 무늬가 얼룩덜룩하게 그려져 있어. 자연과 비슷한 색을 띠고 있으면 전투할 때 적의 눈에 잘 띄지 않기 때문이지. 또한 움직이기에 '적당'한 재질의 옷감으로 만들어져 있어. 정도에 알맞고 마땅한 것을 적당이라고 해.

건빵 군인 아저씨! 군복은 왜 초록색이에요?

자연과 비슷한 보호색이라서 전투할 때 몸을 숨기기에 적당하니까!

알맞을 적適 　 마땅할 당當

적당

낱 교 정도에 알맞고【適】마땅함【當】.
예 걷기에 적당한 날씨네요.

낱 은 낱글자 풀이.
교 는 교과서의 뜻이야!

내 보호색 어때? 감쪽같지?

©Ales.kocourek

보호색을 띠고 있는 카멜레온.

지킬 보保 　 도울 호護 　 색 색色

보호색

낱 위험 따위로부터 지키고【保】보살펴【護】주는 색【色】.
교 메뚜기, 카멜레온 같은 동물이 자기 몸을 보호하려고 띠는 빛깔.
예 배추벌레는 연둣빛의 보호색으로 자신의 몸을 지킵니다.

동물 가운데는 자기 몸의 색깔을 주변의 색깔에 맞추는 것들이 있어. 자기를 잡아먹으려는 동물을 속여 몸을 보호하기 위해서야. 이렇게 동물이 주위와 비슷하게 띠는 빛깔을 '보호색'이라고 해.

알맞을 적適 　 응할 응應

적응

낱 어떤 상황이나 환경에 알맞아서【適】잘 어울림【應】.
교 어떤 곳이나 일에 익숙해지는 것.
예 현수는 새로운 학교에 잘 적응하였다.

물이 없으면 잎이 가시가 되어 환경에 적응한다! 아자!

사막의 선인장.

생물은 자연환경에 '적응'하여 살아남기 위해서 여러 가지 방법을 쓴단다. 적응은 어떤 장소나 일에 익숙해지는 것을 말해. 선인장의 가시는 원래 잎이었지만 비가 거의 내리지 않는 사막에 적응하기 위해 물을 적게 먹는 가시로 변한 거란다.

쏙쏙 문제

빈칸에 알맞은 낱말을 〈보기〉에서 골라 써 보세요. 　 〈보기〉 적당, 보호색, 적응

• 갑자기 변한 친구의 모습에 ❶⬜⬜⬜이 잘 안 되었어요.

• 여기는 물이 깊지 않아 아이들이 놀기에 ❷⬜⬜한 곳입니다.

• 동물이 주변 환경과 비슷한 빛깔로 자신을 숨기는 색을 ❸⬜⬜⬜이라고 해요.

제1일차

다음 글에서 '적(適)'이 쓰인 낱말의 뜻을 생각해 보자.

우주 탐험 전시회에 갔다가 우주 비행사 적성 검사를 받았어요.
나는 우주 궤도 추적의 임무를 맡는 내비게이터가 적임자라는 결과가
나와서 무척 기뻤어요. 그런데 결과지의 마지막에 이 검사는 실제 상황에
적용되지 않는다는 안내가 적힌 것을 보고 크게 실망했답니다.

우주 비행사.

알맞을 적適 성질 성性
적성

[낱] [교] 어떤 일에 알맞은【適】 성질【性】이나 능력.

어떤 일에 알맞은
소질이나 능력을 말해.

[예] 수학은 내 적성에 맞아.

송편 광고가 들어왔어!
너희들 적성에 딱이야!

와~앗!

알맞을 적適 맡길 임任 사람 자者
적임자

[낱] [교] 어떤 일을 맡기기에【任】 알맞은【適】 사람【者】.

어떤 일에 딱 알맞은 사람을
가리킨단다.

[예] 이 일은 네가 적임자야.

그런데 한 명만
필요하다니.

제가 적임자예요!
저를 보내 주세요!

기회는 모두에게
공평하게 적용되어야 해!

저요,
저요!

알맞을 적適 쓸 용用
적용

[낱] 알맞게【適】 맞추어 씀【用】.
[교] 이론, 원칙 따위를 실제에 맞추어 쓰는 것.

이론이나 원칙 등을 실제에
맞추어 쓰는 것을 뜻한단다.

[예] 학교에서 배운 내용을 실생활에 적용해 보자.

아무도 보내지
않겠다!

뭐예옷?!

뎅!

쏙쏙 문제

빈칸에 알맞은 낱말을 〈보기〉에서 골라 써 보세요.   〈보기〉 적용, 적성, 적임자

• 학생회장으로는 친구들과 두루 친한 사람이 ❶   입니다.

• 누나는 악기를 잘 다루는 자신의 ❷   을 살려 음대에 진학했어요.

• 새로 생긴 교칙은 모든 학년에 ❸   됩니다.

4급

適

알맞을 적

총 15획 | 부수 辶, 11획

식물의 뿌리【啇】는 땅으로부터 영양분과 물을
빨아들이기 위해 식물의 성장에 알맞은【適】 쪽으로
뻗어 간단다【辶】. '뿌리 적(啇)'은 식물의 머리【亠】를
받치고【八】 있는 성【冂】처럼 오래된【古】
부분이 뿌리이니, 뿌리 적(啇)이야.

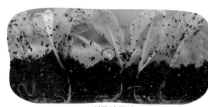

식물의 뿌리.

뿌리【啇】가 뻗어 가는【辶】 쪽은
식물에게 알맞으니, 알맞을 적.

啇 + 辶 = 適
뿌리 적 　 갈 착 　 알맞을 적

알맞을 적 適 　 재목 재 材 　 알맞을 적 適 　 바 소 所

적재적소

뜻·교 어떤 일에 알맞은【適】 인재【材】에게 알맞은【適】
　　　　배【所】의 일을 맡기는 것.
예 훌륭한 인재를 적재적소에 배치하다.

흰 송편은 노래, 분홍 송편은 춤!
멤버의 환상적인 적재적소 배치야!

'한자 암기카드'를 보고 빈칸에 들어갈 말을 써 보세요.

❶ ⬭⬭【啇】가 ❷ ⬭⬭⬭【辶】 쪽은 식물에게 알맞으니, 알맞을 적(適).

適의 뜻은 알 맞 다 이고, 음은 ❸ ⬭ 입니다.

適의 어원을 생각하면서 필순에 따라 써 보세요.

適	適	適	適	適	適	適	適	適	適	適	適	適	適	適
適		適		適		適		適						

다지기

1 자동차에서 ❶~❸으로 이어진 길을 따라가면 두 글자로 된 낱말이 완성됩니다.
그 낱말을 알맞은 뜻과 이으세요.

어떤 일에 알맞은
성질이나 능력.

알맞게
맞추어 씀.

정도에 알맞고
마땅함.

2 〈보기〉의 한자를 완성하려면 어떤 글자 조각이 필요한지 ❶~❹에서 고르세요.

〈보기〉 뿌리가 뻗어 가는 쪽은 식물에게 알맞으니, 알맞을 적.

돋보기2 손뼉을 치기도하며 즐겁게 **참여** 했어요.

송편 삼 남매는 떡 마을의 가수들이 '참여'하는 자선 콘서트가 곧 열린다는
소식을 들었어. 어떤 일에 기꺼이 함께하는 것을 참여라고 해.
대스타 가래떡도 참여의 뜻을 밝혔다지 뭐야.
좋은 일도 하고 가래떡도 만날 생각에 송편 삼 남매는
자선 콘서트에 꼭 참여하고 싶었어.

뜻있는 일에도
참여하고!
대스타 가래떡도
만나고! Go, go, go~♪

참여할 참 参   같이할 여 與

참여

낱 무리에 섞여【参】 같이함【與】.
교 어떤 일에 기꺼이 함께하는 것.
예 봉사 활동에 참여하니 마음이 뿌듯하다.

참여할 참 参   가입할 가 加

참가

낱 교 참여하기【参】 위해 들어감【加】.
예 학급 회의에 꼭 참가해라.

송편 삼 남매는 자선 콘서트 준비 위원회에
'참가' 신청을 했어. 참가는 일이나 모임에
참여하기 위해 들어가는 것을 뜻해.
준비 위원회로부터 참가를 반가이 맞이한다는
연락을 받고 송편 삼 남매는 기뻐서
어쩔 줄 몰랐단다.

왜! 우리도
참가하게 되었어!

참석해 주신 여러분,
감사합니다! 떡 마을 자선
콘서트를 시작하겠습니다!

참여할 참 参   자리 석 席

참석

낱 교 참여하기【参】 위해 자리함【席】.
예 회의 참석 인원이 너무 적다.

드디어 콘서트 날이 되었어. 콘서트장에는 많은 관객이
'참석'하여 자리를 꽉 메웠단다.
참석은 어떤 모임이나 자리에 참여하는 것을 말해.

쏙쏙 문제

빈칸에 알맞은 낱말을 〈보기〉에서 골라 써 보세요.   〈보기〉 참여, 참가, 참석

• 모임이나 일에 참여하기 위해 들어가는 것을 ❶◯◯ 라고 하지요.

• 어떤 일에 기꺼이 함께하는 것을 ❷◯◯ 라고 해요.

• ❸◯◯ 은 어떤 모임에 참여하기 위해 자리하는 것을 말해요.

제2일차

헤아릴 참 參　생각할 고 考

참고

낱 헤아려【參】곰곰이 생각함【考】.

교 살펴서 도움이 될 만한 자료로 삼음.

예 신문 기사를 참고하여 글짓기 숙제를 완성했다.

정신 차려! 호박떡 무대를 참고해야지!

아, 떨려 죽겠어~.

콘서트를 해 본 적이 없는 송편 삼 남매는 무척 떨렸어. 그래서 호박떡의 무대를 주의 깊게 지켜보았단다. 자신들의 무대에 '참고'로 하기 위해서 말이야. 살펴서 도움이 될 만한 자료로 삼는 것을 참고라고 한다.

부칠 기 寄　줄 여 與

기여

낱·교 ❶ 물건을 부쳐【寄】줌【與】.
❷ 어떤 일에 큰 도움을 줌.

예 골키퍼가 승리에 결정적인 기여를 했어요.

송편 삼 남매의 신나는 무대, 잘 봤습니다.

멋졌어! 너희들이 행사에 크게 기여한 거야!

절편 매니저는 노래를 마치고 나오는 송편 삼 남매에게 자선 콘서트의 성공에 크게 '기여'한 거라며 칭찬해 주었단다. 어떤 일에 크게 도움을 주는 것을 기여라고 해.

같이할 동 同　참여할 참 參

동참

낱·교 어떤 모임이나 일에 같이【同】참여함【參】.

예 반 아이들이 동참하여 성금을 모았어요.

아닐 불 不　참여할 참 參

불참

낱 참여하지【參】않음【不】.

교 어떤 일을 함께하지 않는 것.

예 이번 대회에 불참하면 내년부터 출전할 수 없습니다.

나도 동참하고 싶었지! 차가 막혀 불참하게 된 걸 나보고 어쩌라고!

한편 마지막 순서를 장식하며 콘서트에 '동참'하기로 했던 가래떡이 갑자기 '불참'하게 되었다는 안내 방송이 나왔어. 교통 체증 때문에 제시간에 콘서트장에 도착하지 못한 거였어. 동참은 어떤 모임이나 일에 같이 참여하는 것을 말해. 반대로 어떤 일을 함께하지 않는 것을 불참이라고 한다. 비록 가래떡은 만나지 못했지만 송편 삼 남매에게는 무대의 경험을 쌓을 수 있었던 잊지 못할 자선 콘서트였어.

쏙쏙 문제

빈칸에 알맞은 낱말을 〈보기〉에서 골라 써 보세요.

〈보기〉 기여, 동참, 참고

• 노벨 평화상은 세계 평화에 크게 ❶　　　　한 사람에게 주는 상입니다.

• 일이나 공부에 도움이 될 만한 글, 말, 책, 물건 등을 살펴보는 것을 ❷　　　　라고 해요.

• 시민들의 ❸　　　　으로 수재민 돕기 모금 운동이 성공적으로 끝났어요.

왕과 왕비의 혼례식.

參 5급

참여할 참
총 11획 | 부수 厶, 9획

옛날 왕과 왕비의 혼례식은 나라의
큰 행사 중 하나였단다.
사진 속 왕비의 머리 장식을 보렴. 정말 화려하지?
장식품【厶】을 사람【人】이 머리【彡】에 꽂고 행사에
참여하니, '참여할 참(參)'이란다.

한자 암기카드

❶ 장식품【厶】을
❷ 사람【人】이
❸ 머리【彡】에 꽂고 행사에 참여하니

장식품【厶】을 사람【人】이 머리【彡】에
꽂고 행사에 참여하니, **참여할 참.**

厶 + 人 + 彡 = 參
(장식품 모양) 사람 인 (머리) 참여할 참

❶ '厶(사사 사, 나 사)'는 여기에서 머리에 장식품을 꽂은 모양.
❸ '彡 (터럭 삼)'은 여기에서 '머리카락'을 나타내는 글자.

참여할 참 參 / 볼 관 觀

[낱][교] 어떤 자리에 직접 참여하여【參】 지켜봄【觀】.
[예] 내일 수학 시간에 엄마들이 참관하러 오신다.

참여할 참 參 / 견해 견 見

[낱] 어떤 일에 참여하여【參】 견해【見】를 나타냄.
[교] 남의 일에 끼어들어 아는 척하거나 간섭함.
[예] 쓸데없이 남의 일에 참견하지 마.

대회나 행사를 '참관'하러 갔을 때는 궁금한 것이 생기더라도 잠시 참았다가
나중에 물어보는 것이 바람직해. 참관이 아니라 '참견'이 될 수도 있으니까 말이야.

'한자 암기카드'를 보고 빈칸에 들어갈 말을 써 보세요.

❶ ○○○【厶】을 ❷ ○○【人】이 ❸ ○○○【彡】에 꽂고 행사에 참여하니, 참여할 참(參).

參의 뜻은 참 여 하 다 이고, 음은 ❹ ○ 입니다.

參의 어원을 생각하면서 필순에 따라 써 보세요.

參 參 參 參 參 參 參 參 參 參 參

參 參 參 參 參

제2일차

1

①~③에서 사다리를 타면 같은 색의 빈칸이 나와요.
①~③의 뜻에 맞는 낱말이 되도록 빈칸에 알맞은 글자를 쓰세요.

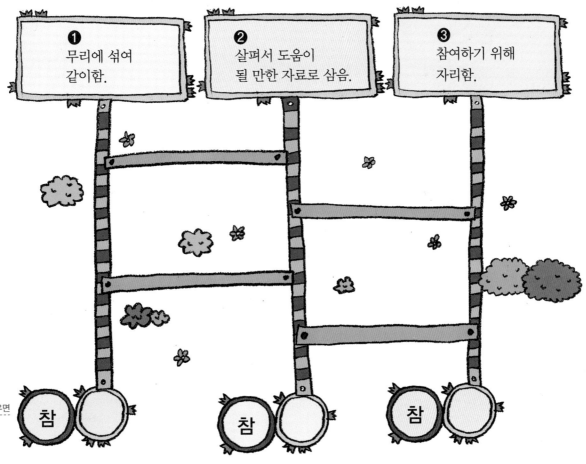

❶ 무리에 섞여 같이함.

❷ 살펴서 도움이 될 만한 자료로 삼음.

❸ 참여하기 위해 자리함.

💡 사다리 타기가 어려우면 같은 색의 빈칸을 찾아가세요.

참   참   참

2

왼쪽에 음뜻이 주어진 한자를 오른쪽 빈칸에 쓰세요.

장식품을 사람이 머리에 꽂고 행사에 참여하니, **참여할 참**.

참여할 참

💡 구름 속 글자들을 더하면 한자의 모양을 알 수 있어요.

설 익 다

라 라 라~
즐거운 소풍~

야외로 놀러 나오니 공기가
참말 좋다~.

하~아

그런데 배도
금방
고파 오네.

소풍의 하이라이트,
도시락!!

꼬륵~

인절미 할머니,
어서 도시락을
푸시죠.

엥, 네가
싸 오는 거
아니었어?

무슨 소리,
할머니가~.

나는
네가~.

그럼 밥을 싸온 게
나 하나뿐?!

나눠 먹자!

그래, 콩 하나도
나눠 먹는다잖아!

뭐야, 반찬도 없이
정말 밥만?!

전 두 사람 반찬
얻어먹으려고 했죠.

할 수 없지.
맨밥이라도 한 입씩....

어른 먼저~

앙~

풋~! 밥, 밥맛이?!

밥이 완전 설익었잖아!

설익다?

'설'은 '충분하지 못하게'란 뜻으로 말 앞에 붙는 접두사야. 그래서 '설익다'는 '충분하지 못하게 익다' 또는 '완전하지 못하다'라는 우리말!

설

익다

배가 고프니 주변의 과일이라도 따 먹자.

사과에 배에, 감까지 풍성하네요.

풋~! 풋과일이라 설익었어!

푸-학!!

누가 이런 설익은 소풍 계획을 세운 거야?

어서 집에 가서 고기라도 구워 먹어요!

지글~ 지글~

누가 설익은 고기를 벌써 먹는 거야?

너나 두 개씩 먹지 말라고!!

◑ 글 속의 주황색 낱말들은 무슨 뜻일까요? 잘 생각하면서 다음 글을 읽어 보세요.

빰빰빰 빰~! 빰빰빰 빰~!

웬 팡파르 소리냐고요?

우리가 너무나 잘 알고 있는 〈운명 교향곡〉의
시작 부분이에요. 베토벤이 작곡한 이 곡은 교향곡의
대명사로 불릴 만큼 전 세계 사람들에게 잘 알려져 있어요.
이 곡의 정식 이름은 〈운명 교향곡〉이 아니라
〈교향곡 제5번 다단조〉랍니다. 베토벤이 다섯 번째로 만든 교향곡이며,
대표적으로 사용된 화음의 종류가 다단조라는 뜻이에요.
이 곡을 작곡할 당시 베토벤은 귀가 잘 들리지 않았어요.
음악가로서 일생일대의 시련을 맞이한 상태였지요.
그런 시련을 딛고 운명에 맞서고자 하는 베토벤의 상황과 잘 맞아떨어지는
곡이라고 생각하여, 후세 사람들이 나중에 '운명'이라고 이름을 붙인 거랍니다.
교향곡의 완성이라고 불리는 베토벤의 제9번 교향곡은 〈합창 교향곡〉이라는
별명을 가지고 있어요.
곡의 마지막에 실러의 〈환희의 송가〉를 가사로 한 합창이 있기 때문이에요.
이처럼 우리가 알고 있는 클래식의 이름은 별명인 경우가 대부분이랍니다.
구별하기 쉽게 곡의 특징이나 만들어진 배경을 살려 붙인 거예요.
그러니 여러분도 아직 별명이 없는 클래식을 찾아서
직접 이름을 붙이고 널리 알려 보세요.
여러분이 지어 준 이름이 그 곡의 별명이 될지도 모르니까요.

맛보기

◗ 빈칸에 알맞은 낱말을 왼쪽 글의 주황색 낱말 중에서 찾아 써 보세요.
잘 모를 땐 💡 를 보거나, ❶~❸에서 골라 쓰세요.

1 자연환경은 [후세] 에게 물려줄 인류의 재산이에요.

💡 다음에 오는 세상 또는 다음 세대의 사람들을 뜻해요.

❶ 후추   ❷ 후세   ❸ 후각

2 축제의 시작을 알리는   가 울려 퍼졌어요.

💡 축제나 축하 의식에서 쓰는 트럼펫의 신호, 혹은 씩씩한 악곡을 가리켜요.

❶ 주르르   ❷ 팡파르   ❸ 또르르

3   에 한 번 올까 말까 한 기회를 잡았어요.

💡 한 사람이 나서 죽을 때까지의 동안을 말해요.

❶ 일생일대   ❷ 일석이조   ❸ 일러스트

4 우리 민족은 광복의 기쁨이 채 끝나기도 전에 국토의 분단이라는   을 맞았어요.

💡 겪기 어려운 단련이나 고비를 말해요.

❶ 시집   ❷ 시장   ❸ 시련

5 이번 음악제는 오페라,   등 다양한 장르의 작품이 연주될 예정이에요.

💡 다양한 악기가 서로 소리를 울리며 화음을 맞추는 곡이에요.

❶ 교과서   ❷ 교향곡   ❸ 교차로

6 이 노래는 돌아가신 어머님을 위하여   했습니다.

💡 시나 가사에 가락을 붙여 곡을 만드는 것을 말해요.

❶ 작곡   ❷ 작전   ❸ 작년

평소에 클래식에 관심이 많던 주영이는 어제 친구들과 함께
모차르트가 '작곡'한 오페라 〈마술 피리〉를 보러 갔어.
어린이를 위한 오페라 공연이라며 음악 선생님께서 강력하게 추천하셨거든.
시(詩)나 가사에 가락을 붙여 음악 작품을 창작하는 일을 작곡이라고 해.

오페라 〈마술 피리〉.

지을 作作　가락 曲曲

작곡

낱> 음악의 가락【曲】을 짓는【作】것.
교> 음악 작품을 창작하는 일. 또는 시(詩)나 가사에
　　가락을 붙이는 일.
예> 애국가는 안익태 선생님이 작곡하셨어요.

음악 樂樂　가락 曲曲

악곡

낱> 음악【樂】의 곡조【曲】.
교> 사람이 부르거나 악기로 연주하는 곡을 통틀어 이르는 말.
예> 오페라는 악곡을 중심으로 한 종합 무대 예술이에요.

어린이 관객들을 위해 막이 바뀔 때마다
해설자 선생님이 무대에 나와 극의 줄거리와 '악곡'의
형식에 대해 설명해 주셨어. 사람이 부르거나 악기로
연주하는 곡을 통틀어 악곡이라고 한단다.

앞 前前　연주할 奏奏　가락 曲曲

전주곡

낱>교> ❶ 긴 음악 혹은 막이 시작되기 전【前】에 연주하는【奏】곡【曲】.
❷ 어떤 일이 일어나기 전에 그 조짐이 되는 일을 빗대어 이르는 말.
예> 새소리가 마치 행운의 전주곡처럼 들렸어요.

뮤지컬에 들어갈 전주곡을
작곡하는 중입니다.
악곡이 술술 떠올라요~!

주영이는 오페라를 보고 돌아오는 길에 〈마술 피리〉의 악곡이 담긴 CD를 샀어.
첫 번째 막의 '전주곡'이 계속 귀에 맴돌았거든. 전주곡은 막이 시작되기 전에 연주되는 음악을 말해.
오페라에서는 등장인물의 감정과 무대 분위기를 미리 만들어 주는 역할을 하지.
전주곡은 어떤 일이 일어나기 전에 그 조짐이 되는 일을 빗대어 이르는 말로도 쓰인단다.

쏙쏙 문제

빈칸에 알맞은 낱말을 〈보기〉에서 골라 써 보세요.　〈보기〉 악곡, 작곡, 전주곡

• 삼촌은 영화 음악을 ❶◯◯ 하는 일을 하고 있어요.

• 퍼붓는 빗소리가 다가올 불행의 ❷◯◯◯ 처럼 들렸어요.

• 피아니스트인 고모가 내일 연주할 ❸◯◯ 을 연습하고 있어요.

제3일차

다음 글에서 '곡(曲)'이 '가락'이 아닌 다른 뜻으로 쓰인 낱말을 알아보자.

" 6·25 전쟁을 겪은 할머니는 굴곡이 많은 삶을 살아오셨어요.
할머니의 가장 아름다운 추억은 할아버지가 청혼했을 때라고 해요.
할머니는 처음에 우락부락하게 생긴 할아버지가 무서워서 청혼을 완곡하게
거절했지요. 하지만 풀꽃으로 만든 꽃반지를 내밀며 간곡하게 청혼하는
할아버지의 정성에 감동하여 청혼을 받아들이셨답니다. "

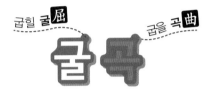

굽힐 굴 屈 / 굽을 곡 曲

낱·교 ❶ 이리저리 꺾이고【屈】 굽음【曲】.
❷ 살면서 겪는 여러 가지 좋거나
나쁜 일을 빗대어 이르는 말.

이리저리 꺾이고 굽은 것을 말해.
살면서 겪는 여러 가지 좋은 일과
나쁜 일을 빗대어 이르기도 해.

예 이 길은 굴곡이 심하니까 걸을 때 조심해라.

은근할 완 婉 / 굽을 곡 曲

낱 드러내지 않고 은근하게【婉】
빙 돌려서【曲】 나타냄.
교 듣는 사람이 마음 상하지 않도록 부드럽게
하는 말이나 태도.

말하는 투나 태도가 듣는
사람의 감정이 상하지 않도록 은근하고
모나지 않은 것을 뜻해.

예 선생님은 완곡한 말투로 우리들의 잘못을 타일렀어요.

하루아침에 대스타에서 거지 신세라니! 아~, 굴곡 많은 내 인생이여!

냄쉐이~

정성 간 懇 / 자세할 곡 曲

낱·교 마음이나 태도가 몹시 정성스럽고【懇】
절절함【曲】.

마음이나 태도가 몹시 정성스럽고
간절한 것을 말한다.

예 아빠는 회사를 그만두겠다는 삼촌을 간곡히 말렸어요.

쏙쏙 문제

빈칸에 알맞은 낱말을 〈보기〉에서 골라 써 보세요.   〈보기〉 굴곡, 완곡, 간곡

• 살아가면서 잘되거나 잘 안 되거나 하는 일이 번갈아 나타나는 것을 빗대어 ❶   이라고 해요.

• 아빠는 큰 회사에서 일하는 친구에게 작은삼촌의 취직을 ❷   하게 부탁했어요.

• 아빠의 친구는 작은삼촌의 취직 부탁을 ❸   하게 거절했어요.

曲 ^{5급}

굽을, 가락 곡

총 6획 | 부수 曰, 2획

대나무를 엮어 만든 대바구니의 위쪽은 끝이 부드럽게 굽이져 있단다. 매끄럽게 마무리를 한 것이지. '굽을 곡(曲)'은 대바구니 위의 굽은 모양을 본뜬 글자야. 또한 올라가고 내려가며 굽이지는 노랫소리가 바로 가락이니, '가락 곡(曲)'이기도 해.

굽을 곡.

한자 암기카드

대바구니 위의 굽은 모양을 본떠서, **굽을 곡.**
또한 굽이지는 노랫소리가 가락이니, **가락 곡.**

가락 곡.

굽을 곡 曲 흐를 류 流

곡류

[낱], [교] 물이 이리저리 굽이져【曲】 흐르는【流】 것. 또는 그런 흐름.
[예] 낙동강은 곡류를 이루며 흐른다.

강물이 S자 모양으로 꾸불꾸불하게 흐르는 것 또는 굽이쳐 흐르는 물의 흐름을 '곡류'라고 해. 강의 하류에 있는 넓은 평야 지대에서 주로 볼 수 있단다.

굽이져 흐르는 강의 곡류.

'한자 암기카드'를 보고 빈칸에 들어갈 말을 써 보세요.

대바구니 위의 **❶**◯◯ 모양을 본떠서 굽을 곡(曲), 또한 굽이지는 노랫소리가 **❷**◯◯ 이니,

가락 곡(曲). 曲 의 뜻은 굽 다 , 가 락 이고, 음은 **❸**◯ 입니다.

曲의 어원을 생각하면서 필순에 따라 써 보세요.

曲 曲 曲 曲 曲 曲
曲 曲 曲 曲 曲

다지기

1 ❶~❹의 뜻을 가진 낱말이 되도록 거미 등의 빈칸에 알맞은 글자를 쓰세요.

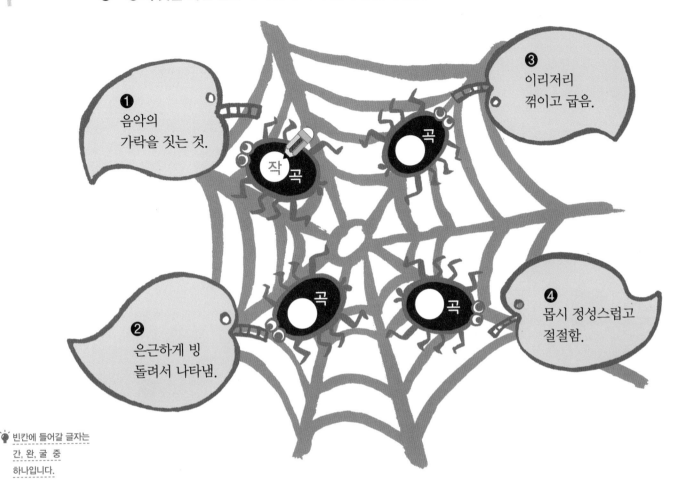

❶ 음악의 가락을 짓는 것.

❸ 이리저리 꺾이고 굽음.

❷ 은근하게 빙 돌려서 나타냄.

❹ 몹시 정성스럽고 절절함.

💡 빈칸에 들어갈 글자는 간, 완, 굴 중 하나입니다.

2 〈보기〉에 맞는 한자를 ❶~❹에서 고르세요.

〈보기〉
대바구니 위의 굽은 모양을 본떠서, 굽을 곡.

❶ 谷　❷ 曲　❸ 由　❹ 田

미영이 외삼촌에게 최근 큰 '시련'이 닥쳤어. 몇 해째 준비해 온 시험에서
또 떨어지고 말았거든. 견디기 어렵고 힘든 일을 시련이라고 해.
외할아버지는 나라를 빼앗겼을 때도 전쟁이 났을 때도 모두 견뎌 왔는데
이깟 시험 정도가 뭐 그리 큰일이냐며 외삼촌을 다독여 주셨어.

시험할 시 試   단련할 련 鍊

시련

교 견디기 어렵고 힘든 일.
예 그분은 어렸을 때 사고로 부모님을 잃는 큰 시련을 겪었다.

외삼촌, 힘내요!
시련 극복! 파이팅!

응할 응 應   시험 시 試

응시

낱 시험【試】에 응함【應】.
교 시험을 치는 것.
예 응시 원서를 제출하고 왔어요.

살필 고 考   시험 시 試

고시

낱·교 ❶ 과거 시험【試】을 친 자들의 성적을
살펴서【考】 등수를 매기는 일.
❷ 공무원을 뽑는 시험.
예 나라에서는 공정한 고시를 치르기 위해
출제자들의 외출을 금지했어요.

미영이 외삼촌이 '응시'한 시험은 공무원을 뽑는 시험인 '고시'였어.
시험에 응하는 것, 즉 시험을 치는 것을 응시라고 해.
고시는 옛날 과거 시험을 친 사람들의 성적을 살펴서 등수를 매기는 것을
뜻하는 말이었어. 공무원을 뽑는 시험 역시 성적이 좋은 사람 순으로
합격하게 되므로 고시라고 한단다.

고시에 응시하는 것이 이번으로 벌써 일곱 번째라고 해.
미영이는 외삼촌에게 일곱 번 넘어져도
여덟 번 일어나는 거라며 응원을 보냈단다.

과거 시험을 재연하고 있는 모습.

공무원 시험장.

쏙쏙 문제

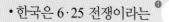

빈칸에 알맞은 낱말을 〈보기〉에서 골라 써 보세요.   〈보기〉 고시, 시련, 응시

• 한국은 6·25 전쟁이라는 ❶⬭⬭⬭ 을 극복하고 눈부신 경제 성장을 이루었습니다.

• 이번 시험은 모든 사람에게 ❷⬭⬭⬭ 의 기회가 있다고 해요.

• 공무원을 뽑는 시험을 ❸⬭⬭ 라고 해요.

시(試)에는 '시험 삼아 해 보다'라는 뜻도 있단다.
아래의 낱말들을 함께 살펴보자.

시험할 시 試   먹을 식 食

시식

【낱】【교】 음식 솜씨나 맛을 알아보려고 시험 삼아【試】 먹어【食】 보는 것.
【예】 백화점에서 새로 나온 군만두를 시식했다.

시식하는 사람들.

음식 솜씨나 맛을 알아보려고 시험 삼아 먹어 보는 것을 '시식(試食)'이라고 하고,
시험 삼아【試】 마셔【飲】 보는 것은 '시음(試飲)'이라고 한단다.
새로 나온 과자나 음료수의 맛이 궁금하다면 백화점의 시식 코너로 가 보렴.
어떤 맛이 나는지 먹거나 마셔 볼 수 있을 거야.

시사회에 오니
배우도 보고 영화도
공짜! 좋구나~.

영화 시사회.

시험할 시 試   그릴 사 寫   모일 회 會

시사회

【낱】【교】 영화나 광고를 시험적으로【試】 먼저
영사하여【寫】 보여 주는 행사나 모임【會】.
【예】 그 영화는 개봉에 앞서 시사회를 열었다.

영화나 광고를 일반에게 공개하기 전에 시험적으로 먼저
보여 주는 행사나 모임을 '시사회'라고 해. 모임을 주최한 사람은
참가자들의 반응을 보며 작품의 방향을 고치거나
작품을 알리는 방법을 결정한단다.

시험할 시 試   계획 안 案

시안

【낱】【교】 시험 삼아【試】 짜는 계획【案】이나 의견.
【예】 법률을 바꾸기 위한 시안이 검토가 진행중입니다.

어떤 일을 하려고 시험 삼아 짜는 계획이나 임시로 내놓는
의견을 '시안'이라고 해. 나라의 법을 바꾸기 전 또는
회사의 중요한 결정을 내리기 전에는 시안을 만들어 검토해 본단다.

쏙쏙 문제

빈칸에 알맞은 낱말을 〈보기〉에서 골라 써 보세요.   〈보기〉 시안, 시식, 시사회

• 선생님의 ❶   이 끝난 후에야 실습한 요리를 맛보았어요.

• 개발팀이 제출한 ❷   이 좋은 반응을 얻었어요.

• 누나는 곧 개봉될 영화의 ❸   에서 좋아하는 배우를 직접 봤다며 기뻐했어요.

試 준4급

시험할 시

총 13획 | 부수言, 6획

'말씀 언(言)'과 '법 식(式)'이 만난 글자야.
옛날 중국의 과거 시험에서는 출제된 제목을 바탕으로
정해진 격식에 맞추어 지은 문장을 제출하게 했어.
학생이 적어 낸 말【言】이 정해진 법【式】에 맞는지
시험한다는 뜻으로 '시험할 시(試)'란다.

중국의 과거 시험.

한자 암기카드

① 말【言】이

② 법【式】에 맞는지 시험하니

말【言】이 법【式】에 맞는지 시험하니,
시험할 시.

言 + 式 = 試
말씀 언   법식   시험할 시

式 6급

법, 의식 식

총 6획 | 부수弋, 3획

주살【弋】을 만들 때 장인【工】은 법과 의식을 따르니, 법 식, 의식 식(式).
장인【工】들은 주살【弋】따위의 무기를 만들 때
법【式】과 의식【式】을 엄격히 따르며 만들었어.
'주살 익(弋)'은 활쏘기의 기본자세를 연습하기 위해
활에다 줄을 매어 쓰는 화살을 본뜬 글자야.

격식 격格   법 식式

격식

날 격【格】에 어울리는 일정한 법식【式】.
교 때와 장소에 걸맞은 예의.
예 웃어른께는 격식에 맞추어 편지를 써야 한다.

'한자 암기카드'를 보고 빈칸에 들어갈 말을 써 보세요.

① ◯【言】이 ② ◯【式】에 맞는지 시험하니, 시험할 시(試).

試의 뜻은 시 험 하 다 이고, 음은 ③ ◯ 입니다.

試의 어원을 생각하면서 필순에 따라 써 보세요.

試	試	試	試	試			

1 아래 빈칸에 들어갈 낱말을 글자 우산에서 찾아 바른 순서대로 쓰세요.

❶ 아주 견디기 힘들고 어려운 일을 ⬭⬭ 이라고 해요.

❷ 영화를 시험적으로 먼저 보여 주는 행사나 모임을 ⬭⬭⬭ 라고 해요.

❸ 시험에 응하거나 시험을 치는 것을 ⬭⬭ 라고 해요.

시 / 응 / 회 / 시 / 련 / 사 / 시

2 양쪽 한자에 공통으로 들어 있는 글자를 ❶~❹에서 고르세요.

❶ 弋 ❷ 言 ❸ 土 ❹ 食

시험할 시

법 식

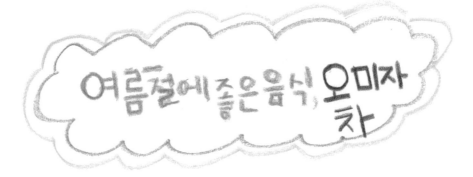

비슷해서 틀리기 쉬운 말 비교해서 틀리지 말자

©abex

'달이듯'이 맞아.   '끓여서'라고 써야 한단다.

오미자를 한약 다리듯 오래오래 끓여서 만든 차이다. 오미자차

'멎게'라고 쓰렴.

는 갈증과 땀을 멋게 하는 효과가 있어 더운 여름에 마시면 좋

'났다'라고 쓰는 게 옳아.

다. 엄마가 만든 오미자차를 마셔 보니 새콤달콤한 맛이 낫다.

달고, 시고, 쓰고, 맵고, 짠 다섯 가지 맛을 고루 갖추고 있다

고 해서 오미자라고 부른다.

＊이 글은 초등학교 3학년 어린이가 쓴 숙제입니다.

옷은 '다리고', 한약은 '달이고'

한약은 '다리다'가 아니라 '달이다'라고 쓰는 거야.
'다리다'는 옷이나 천 따위의 주름이나 구김을 펴기 위해
다리미로 문지를 때 쓰는 말이지.
액체를 끓여서 진하게 만들거나, 한약에 물을 부어
우러나도록 끓일 때에는 '달이다'라고 쓴단다.

한약을 달여
엄마 드려야지~

달이다

● 액체 따위를 끓여서 진하게
  만들다.
  예, 간장을 달이다.
● 약제 따위에 물을 부어 우러
  나도록 끓이다.
  예, 보약을 달이다.

다리다

● 옷이나 천 따위의 주
  름이나 구김을 펴고
  줄을 세우기 위하여
  다리미나 인두로 문
  지르다.
  예, 다리미로 옷을 다리다.

스팀 다리미로
옷을 다려요~

1 글자 조각 둘을 합쳐 사각형이 되도록 하면 두 글자로 된 낱말이 완성됩니다.
그 낱말을 알맞은 뜻과 이으세요.

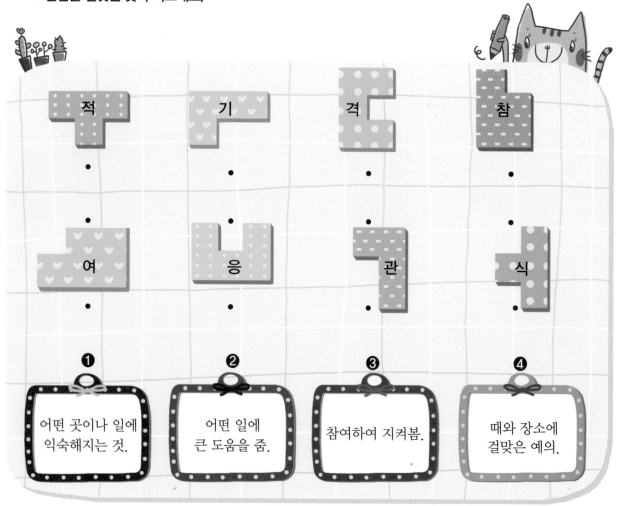

적

기

격

참

·

여

응

관

식

·

❶
어떤 곳이나 일에
익숙해지는 것.

❷
어떤 일에
큰 도움을 줌.

❸
참여하여 지켜봄.

❹
때와 장소에
걸맞은 예의.

2 〈보기〉의 뜻에 해당하는 낱말을 ❶~❹에서 골라 ◯표 하세요.

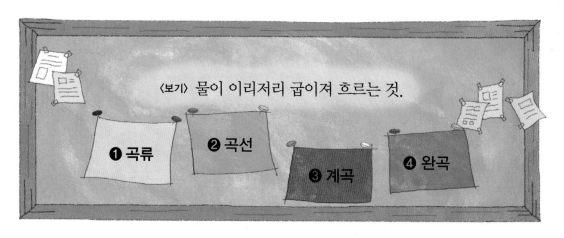

〈보기〉 물이 이리저리 굽이져 흐르는 것.

❶ 곡류

❷ 곡선

❸ 계곡

❹ 완곡

3

〈보기〉의 한자를 완성하려면 어떤 길로 가야 할지 알맞은 글자를 따라 선을 긋고,
완성된 한자를 빈칸에 쓰세요.

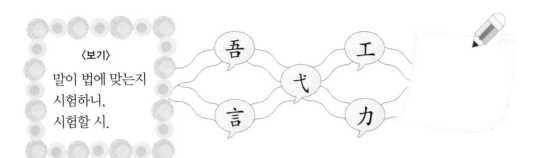

〈보기〉
말이 법에 맞는지
시험하니,
시험할 시.

吾   工
　弋
言   力

4

돌담 안에 든 낱말 가운데 ❶~❸의 뜻에 맞는 낱말을 찾아 ◯로 묶고, 빈칸에 낱말을 쓰세요.

적	임	자	가	재	소	적
불	동	참	견	전	주	곡

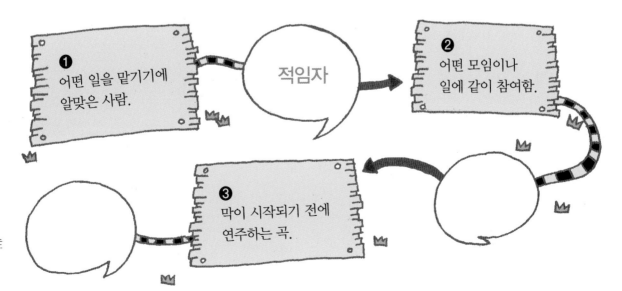

❶
어떤 일을 맡기기에
알맞은 사람.

적임자

❷
어떤 모임이나
일에 같이 참여함.

❸
막이 시작되기 전에
연주하는 곡.

💡 나란히 붙어 있는
글자로 된
낱말이에요.

1~3 다음 글을 읽고 물음에 답하세요.

> 내일은 '깨끗한 교실 만들기' 심사가 있는 날이에요. 담임선생님은 우리 반 친구들을 교실의 ㉠적재적소에 배치하여 자신의 담당 구역을 정해 줬어요. 반 친구들이 모두 ㉡동참하여 힘을 합하니 금세 교실이 깨끗해졌답니다. 내일 심사에는 학부모님도 (㉢)한다고 해요. 반짝거리는 교실을 보면 우리 엄마도 깜짝 놀랄 거예요.

1. ㉠의 뜻으로 바른 것을 고르세요. (   )

❶ 시험 삼아 행한 일에서 어긋나거나 그르침.

❷ 음식 솜씨나 맛을 알아보려고 시험 삼아 먹어 보는 것.

❸ 어떤 일이 일어나기 전에 그 조짐이 되는 일을 빗대어 이르는 말.

❹ 어떤 일에 알맞은 인재에게 알맞은 바의 일을 맡기는 것.

❺ 시험 삼아 짜는 계획이나 의견.

2. ㉡의 한자로 바른 것을 고르세요. (   )

❶ 東參   ❷ 動參   ❸ 同參   ❹ 冬參   ❺ 童參

3. ㉢에 들어갈 알맞은 낱말을 고르세요. (   )

❶ 참고   ❷ 참석   ❸ 불참   ❹ 지참   ❺ 참견

4~5 밑줄 친 낱말은 잘못 쓰인 것입니다. 고쳐 쓸 낱말을 고르세요.

4. 할아버지는 할머니께 꽃반지를 내밀며 **작곡**하게 청혼했어요.   (   )

❶ 간곡   ❷ 굴곡   ❸ 참관   ❹ 격식   ❺ 악곡

5. 다리 부상이라는 갑작스런 **시식**을 극복하고 올림픽에서 메달을 땄습니다.   (   )

❶ 시행   ❷ 적응   ❸ 적성   ❹ 완곡   ❺ 시련

6. 서로 관계있는 것끼리 연결하세요.

(1) 주살을 만들 때 장인은 법과 의식을 따르니, 법 식.　•　　　•　曲

(2) 말이 법에 맞는지 시험하니, 시험할 시.　•　　　•　試

(3) 굽이지는 노랫소리가 가락이니, 가락 곡.　•　　　•　式

7. 밑줄 친 낱말 가운데 '알맞을 적(適)'이 쓰이지 **않은** 낱말을 고르세요. (　　　)

❶ 선인장의 가시는 비가 거의 내리지 않는 사막에 **적응**하기 위해 생긴 것입니다.

❷ 병따개는 지레의 원리를 **적용**한 생활 속의 도구입니다.

❸ 장보고는 **해적**을 소탕하고 신라의 바다 무역을 활발하게 만들었습니다.

❹ 이 옷은 가볍고 바람이 잘 통해서 운동복으로 입기에 **적당**합니다.

❺ 학교에서 실시한 직업 **적성** 검사에서 과학자가 어울린다는 결과가 나왔습니다.

8. 〈보기〉의 뜻을 가진 낱말을 세 글자로 쓰세요.

〈보기〉 영화나 광고를 시험적으로 먼저 영사하여 보여 주는 행사나 모임.

(　　　　　　　)

9~10 빈칸에 알맞은 낱말을 〈보기〉에서 골라 쓰세요.

〈보기〉 참관, 기여, 보호색, 적임자

9. 우리 할머니는 노인 복지를 위해 (　　　　　)한 공로를 인정받아 정부로부터 국민 훈장을 받았습니다.

10. 카멜레온이나 메뚜기 같은 동물이 위험 따위로부터 자기 몸을 지키고 보호하려고 띠는 색깔을 (　　　　　)이라고 해요.

움직이면서 사용할 수 있는 휴대 전화!

미술 시간에 '모빌'이라는 말 들어 봤니?

여러 가지 모양의 조각을 실에 매달아 놓은 것 말이야.

실에 매달린 조각들은 평형을 유지한 채로 공기의 진동에 따라 움직인단다.

이렇게 공기의 흔들림에 따라 움직이는 공예품을 모빌mobile이라고 해.

모빌의 **mob-**는 **move**와 마찬가지로 움직이다란 뜻을 가진단다.

모빌mobile에는 미술에서 말하는 움직이는 공예품이란 뜻 외에도

'움직일 수 있는' 또는 '사람이 가지고 다닐 수 있는'이라는 뜻이 있어.

그래서 우리가 흔히 사용하는 휴대 전화도

움직이며 가지고 다닐 수 있는 전화라고 해서 **mobile phone**이라고 부르는 거지.

mobile 움직이는 **+** **phone** 전화 **→** **mobile phone** 휴대 전화

움직이다라는 뜻을 가진 **move**는
원래의 모습 그대로 새로운 낱말을 만들기도 하지만
모습을 조금씩 바꾸어 가며 새로운 낱말을 만들기도 해.
mobile에서처럼 **mob-**로 등장하는가 하면
mov-와 **mot-** 같은 모습일 때도 있지.
그러면 **move**, **mob-**, **mov-**, **mot-**가 들어간 단어들을 좀 더 알아볼까?

automobile

'스스로'란 뜻의 **auto**에
'움직이다'란 뜻의 **mobile**이 붙었어.
스스로^{auto} 움직이는^{mobile} 것,
바로 '자동차^{automobile}'를
말한단다.

movie

그림이나 사진이 연속해서 빠르게
움직이는^{mov-} 것이 뭘까?
바로 '영화^{movie}'야.
그래서 옛날에는
영화를
'활동사진'이라고도
불렀단다.

motor

'움직이게^{mot-} 해 주는 것',
기계의 동력 발생기나 전기를
발생시키는 전동기 등을
모두 모터^{motor}라고 부르지.

movement

움직이다^{move}의 명사형이야.
활동이나 운동과 같이
'움직이는 행위'를 말하는 거야.

콕콕 정답

제1일차

05쪽 1. 변신 2. 참여 3. 무궁무진
4. 공구 5. 형형색색 6. 적당

06쪽 ❶ 적응 ❷ 적당 ❸ 보호색

07쪽 ❶ 적임자 ❷ 적성 ❸ 적용

08쪽 ❶ 뿌리 ❷ 뻗어 가는 ❸ 적

09쪽

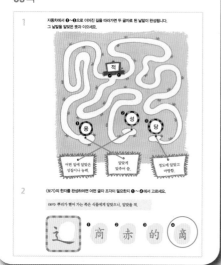

제2일차

10쪽 ❶ 참가 ❷ 참여 ❸ 참석

11쪽 ❶ 기여 ❷ 참고 ❸ 동참

12쪽 ❶ 장식품 ❷ 사람 ❸ 머리 ❹ 참

13쪽

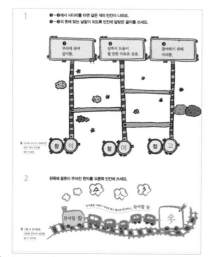

제3일차

17쪽 1. 후세 2. 팡파르 3. 일생일대
4. 시련 5. 교향곡 6. 작곡

18쪽 ❶ 작곡 ❷ 전주곡 ❸ 악곡

19쪽 ❶ 굴곡 ❷ 간곡 ❸ 완곡

20쪽 ❶ 굽은 ❷ 가락 ❸ 곡

21쪽

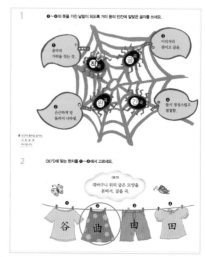

제4일차

22쪽 ❶ 시련 ❷ 응시 ❸ 고시

23쪽 ❶ 시식 ❷ 시안 ❸ 시사회

24쪽 ❶ 말 ❷ 법 ❸ 시

25쪽

제5일차

도전! 어휘왕

28-29쪽

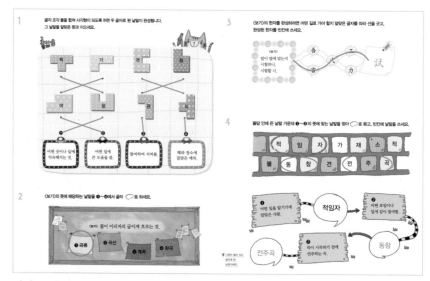

평가 문제

30-31쪽 1. ❹ 2. ❸ 3. ❷ 4. ❶ 5. ❺ 6. (1) 式 (2) 試 (3) 曲
7. ❸ 8. 시사회 9. 기여 10. 보호색

비와 눈을 이르는 여러 가지 말

우리나라에는 예부터 비 이름이 아주 많아. 조상님들이
비가 올 때마다 비의 양이나 내리는 모습을 눈여겨보면서
하나하나 이름을 붙인 거야. 비가 좋아서 그랬냐고? 글쎄,
아마 비가 농사에 아주 중요했기 때문에 그러지 않았을까?

느개	아주 가늘게 내리는 비야. 안개보다 굵고 이슬비보다 가늘어.
이슬비	이슬처럼 가늘게 내리는 비를 말해. 느개보다 굵고 가랑비보다 가늘어.
가랑비	이슬비보다는 좀 굵지만 여전히 가늘게 내리는 비야. '가랑비에 옷 젖는 줄 모른다'라는 속담이 있어.
실비	실같이 가늘고 길게 금을 그으며 내리는 비를 말해.
여우비	볕이 나 있는 날 잠깐 오다가 그치는 비를 말해. 이런 날 '여우가 시집간다' 또는 '호랑이가 장가간다'는 말이 전해져.
단비	꼭 필요한 때 알맞게 내리는 비야. 배고플 때 밥을 달게 먹는 것처럼 가물 때 비가 달았나 봐.
약비	약이 되는 비라는 뜻으로, 꼭 필요한 때에 내리는 비를 이르는 말이야.
소나기	갑자기 세차게 쏟아지다가 곧 그치는 비야. 특히 여름에 번개나 천둥, 강풍 따위와 함께 내려.
장대비	장대처럼 굵고 거세게 좍좍 내리는 비야. 작달비와 같은 말이야.
산성비	석탄이나 석유가 탈 때 나오는 황산화물 따위가 비에 녹아 산성이 된 비를 말해. 땅을 오염시키고 나무를 말라 죽게 하는 비야.
싸라기눈	빗방울이 내리다가 갑자기 찬 공기에 얼어서 떨어지는 싸라기 같은 눈이야. 줄여서 싸락눈이라고도 해.
진눈깨비	비가 섞여서 내리는 눈이야. 진눈깨비가 오면 길이 아주 질퍽해져. 반대말은 마른눈이야.
함박눈	함박송이처럼 굵고 탐스럽게 내리는 눈이야.
자국눈	겨우 발자국이나 날 정도로 적게 내린 눈을 말해.
가랑눈	조금씩 잘게 내리는 눈을 말해. 여름에는 가랑비가 내리고 겨울에는 가랑눈이 내려.
도둑눈	밤사이에 사람들이 모르게 내린 눈이야. 마치 도둑이 몰래 다녀간 것처럼 내려서 이런 이름이 붙었나 봐.

마법의 상위권 어휘 스스로 평가표

01

다음 중 뜻을 자신 있게 말할 수 있는 낱말은 ○표, 알쏭달쏭한 낱말은 △표, 자신 없는 낱말은 ×표 하세요.

적당 (　　　)　　│　참여 (　　　)　　│　작곡 (　　　)　　│　시련 (　　　)

02

다음 중 뜻과 음을 자신 있게 말할 수 있는 한자는 ○표, 알쏭달쏭한 한자는 △표, 자신 없는 한자는 ×표 하세요.

適 (　　　)　│　參 (　　　)　│　曲 (　　　)　│　試 (　　　)

03

〈평가 문제〉를 모두 풀고 정답을 확인해 보세요. 10문항 중 내가 맞힌 문항 수는 몇 개인가요?

❶ 9-10문항 (　　　)　│　❷ 7-8문항 (　　　)　│　❸ 5-6문항 (　　　)　│　❹ 3-4문항 (　　　)　│　❺ 1-2문항 (　　　)

─────────────────────────────

| 부모님과 선생님께 |

위에서 어린이가 스스로 적은 내용을 보고, 어린이가 어려워하는 부분을 함께 보면서 어휘의 뜻과 쓰임을
이해할 수 있도록 해 주세요.

어휘를 알아야 만점을 잡는다!

스토리텔링식 신교과서 학습을 위한

마법의 상위권 어휘

제 **4** 호

어휘가 쑥쑥 자라요.

부모님과 선생님께서는 이렇게 지도해 주세요

제 **1** 일차	제 **2** 일차	제 **3** 일차	제 **4** 일차	제 **5** 일차
물방울이 여행하는 이야기를 읽고, 대표 어휘 '포화'와 한자 '飽'를 익힙니다. '포화'에서 확장되는 여러 낱말의 뜻을 스스로 추론해 보도록 지도해 주세요.	대표 어휘 '경험'의 뜻과 한자 '驗'을 익히고, 관계있는 낱말도 함께 익힙니다. 다지기 문제를 풀어 보고, '원숭이도 나무에서 떨어진다'는 표현도 익히도록 해 주세요.	호랑나비가 자라는 이야기를 읽고, 대표 어휘 '심혈'과 한자 '血'을 익힙니다. '심혈'에서 확장되는 여러 낱말의 뜻을 스스로 추론해 보도록 지도해 주세요.	대표 어휘 '성충'의 뜻과 한자 '成'을 익히고, 관계있는 낱말도 함께 익힙니다. 다지기 문제를 풀어 보고, '반드시'와 '반듯이'를 구별하여 쓰도록 해 주세요.	재미있는 게임 문제와 학교 시험 유형의 평가 문제를 풀며 어휘 실력을 다집니다. '하드웨어(hardward)'와 구성 원리가 비슷한 영어 단어들도 함께 익히도록 해 주세요.

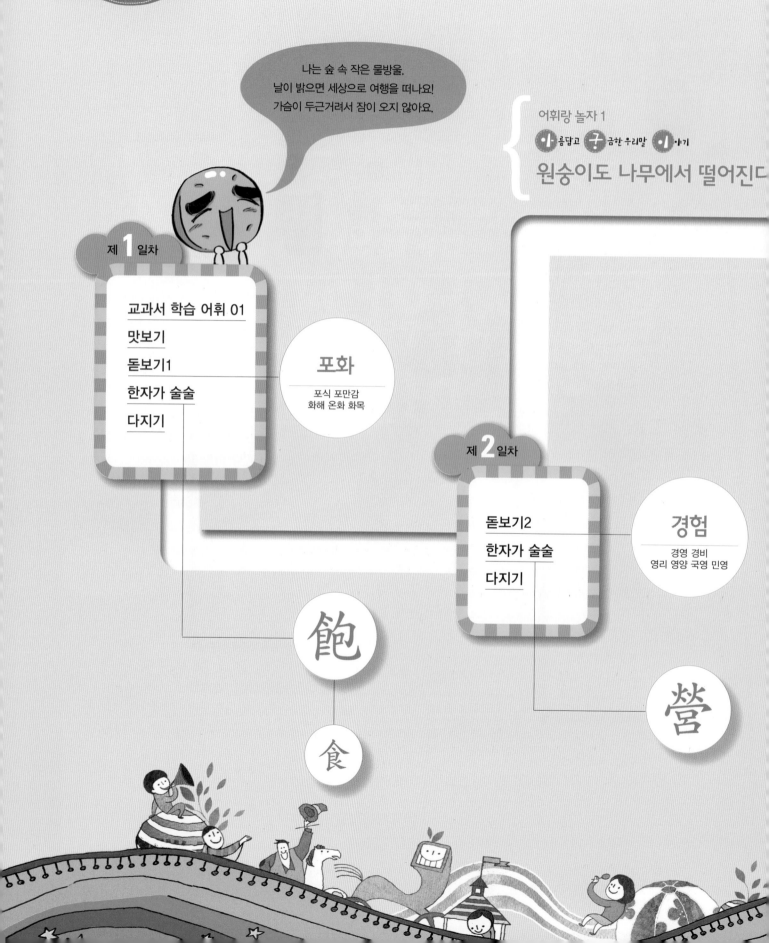

이런 내용을 배워요!

나는 숲 속 작은 물방울.
날이 밝으면 세상으로 여행을 떠나요!
가슴이 두근거려서 잠이 오지 않아요.

어휘랑 놀자 1
아름답고 궁금한 우리말 이야기
원숭이도 나무에서 떨어진다

제 1 일차

교과서 학습 어휘 01
맛보기
돋보기1
한자가 술술
다지기

포화
포식 포만감
화해 온화 화목

제 2 일차

돋보기2
한자가 술술
다지기

경험
경영 경비
영리 영양 국영 민영

飽
食

營

우리 집 옥상의 작은 온실에 호랑나비가 알을 낳고 갔어요.
알은 애벌레에서 번데기로 조금씩 자라더니 어느새 나비가 되어
내 앞으로 팔랑거리며 날아왔답니다.

제 **3** 일차

교과서 학습 어휘 02
맛보기
돋보기1
한자가 술술
다지기

심혈

신념 치열
혈액형 헌혈 혈연

어휘랑 놀자 3
외래어로 배우는 워word드라고요!
하드웨어(hardware)

血

제 **5** 일차

도전! 어휘왕
평가 문제

성충

곤충 유충
해충 기생충 충치

제 **4** 일차

돋보기2
한자가 술술
다지기

어휘랑 놀자 2
비슷해서 틀리기 쉬운 말 비교해서 틀리지 말자
약속은 '반드시' 지키고, 자세는 '반듯이' 하고

成 **盛**

◑ 글 속의 주황색 낱말들은 무슨 뜻일까요? 잘 생각하면서 다음 글을 읽어 보세요.

나는 숲 속 작은 물방울이에요.

날이 밝으면 나는 여행을 떠나요.

푹 자 두고 싶지만 가슴이 두근거려서 잠이 오지 않아요.

함께 여행을 떠나는 물방울 친구들도 말똥말똥 눈동자를 빛내고 있어요.

앗, 해가 뜨기 시작했어요! 내 몸이 수증기로 변하더니 하늘로 떠올라요.

하늘에서 내려다보니 내 옆에 있던 키 큰 아름드리나무도 작은 점처럼 보여요.

한참을 올라갔을 때였어요.

주위의 온도가 점점 내려가면서 내 몸이 다시 물방울로 바뀌려고 했어요.

함께 여행하던 물방울 친구가 말했어요.

"여기엔 물방울들이 너무 많아져서 포화 상태야. 같이 바다로 내려가자."

나는 주위의 물방울 친구들과 힘을 모아 커다란 구름이 되었어요.

점점 덩어리가 커지며 무거워진 우리는 빗줄기가 되어

바다로 힘차게 뛰어들었어요.

어느새 바닷물이 된 우리는 어푸어푸 헤엄도 치고 파도도 타며 놀았어요.

다음 날 아침, 해가 뜨며 기온이 올라가자 우리는 다시 수증기로 변했답니다.

친구들과 나는 바람을 타고 날아가 다시 숲 속 풀줄기 옆 보금자리로 돌아왔어요.

구름이 되었다가 바닷물도 되어 본 이번 여행은 정말 멋진 경험이었어요.

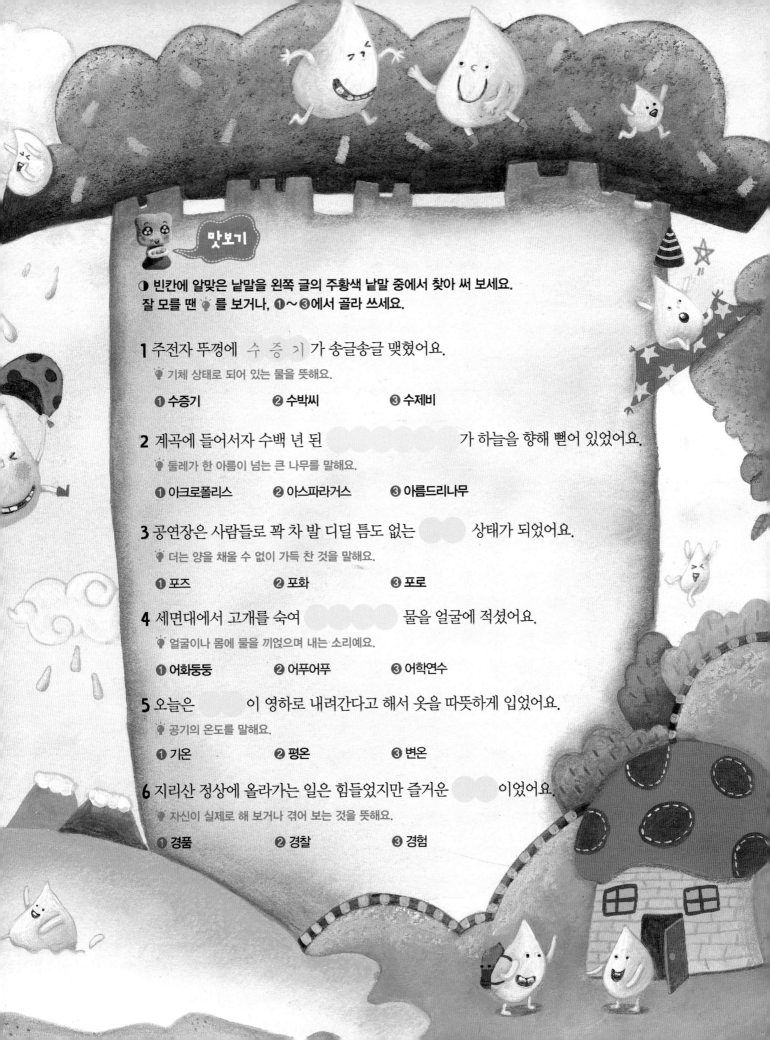

맛보기

● 빈칸에 알맞은 낱말을 왼쪽 글의 주황색 낱말 중에서 찾아 써 보세요.
잘 모를 땐 💡를 보거나, ❶~❸에서 골라 쓰세요.

1 주전자 뚜껑에 수 증 기 가 송글송글 맺혔어요.

💡 기체 상태로 되어 있는 물을 뜻해요.

❶ 수증기 ❷ 수박씨 ❸ 수제비

2 계곡에 들어서자 수백 년 된 ⬚⬚⬚⬚⬚⬚ 가 하늘을 향해 뻗어 있었어요.

💡 둘레가 한 아름이 넘는 큰 나무를 말해요.

❶ 아크로폴리스 ❷ 아스파라거스 ❸ 아름드리나무

3 공연장은 사람들로 꽉 차 발 디딜 틈도 없는 ⬚⬚ 상태가 되었어요.

💡 더는 양을 채울 수 없이 가득 찬 것을 말해요.

❶ 포즈 ❷ 포화 ❸ 포로

4 세면대에서 고개를 숙여 ⬚⬚⬚⬚ 물을 얼굴에 적셨어요.

💡 얼굴이나 몸에 물을 끼얹으며 내는 소리예요.

❶ 어화둥둥 ❷ 어푸어푸 ❸ 어학연수

5 오늘은 ⬚⬚ 이 영하로 내려간다고 해서 옷을 따뜻하게 입었어요.

💡 공기의 온도를 말해요.

❶ 기온 ❷ 평온 ❸ 변온

6 지리산 정상에 올라가는 일은 힘들었지만 즐거운 ⬚⬚ 이었어요.

💡 자신이 실제로 해 보거나 겪어 보는 것을 뜻해요.

❶ 경품 ❷ 경찰 ❸ 경험

돋보기1 물방울들이 너무 많아져서 **포화** 상태야.

더 올려! 더 구워! 이게 얼마 만의 삼겹살이니!

오늘은 백설기의 집에서 공주들의 파티가 있는 날이야.
찾아온 공주들로 꽉 차서 백설기의 집은 발 디딜 틈 없는 '포화' 상태가 되었어.
더 들어갈 수 없게 가득 찬 것을 포화라고 해. 파티의 주요 메뉴는 바로 삼겹살!
삼겹살을 먹고 싶어도 품위를 지키느라 꾹 참았던 공주들은 신이 났어.
프라이팬이 포화 상태가 될 정도로 한가득 삼겹살을 구웠단다.

프라이팬이 포화 상태야!

가득할 포 飽   화할 화 和

교 더 들어갈 수 없게 가득 찬 것.
예 주말에는 도로가 차들로 가득 차 포화 상태가 된다.

낱 은 낱글자 풀이,
교 는 교과서의 뜻이야!

궁궐에서는 시녀들 눈치가 보여서 제대로 먹지도 못한다고!

오늘 마음껏 포식하자~ ♪

배부를 포 飽   먹을 식 食

낱·교 음식을 배부르게【飽】 많이 먹음【食】.
예 생일잔치에 가서 포식했어.

인어 공주, 신데렐라, 백설 공주, 엄지 공주는
앞 다투어 와구와구 쩝쩝
삼겹살을 마음껏 '포식'했어.
포식은 음식을 배부르게 많이 먹는 것을 말해.

가득할 포 飽   찰 만 滿   느낄 감 感

포만감

낱 넘치도록 가득【飽】 차【滿】 있는 느낌【感】.
교 음식 따위를 배부르게 먹어 배가 가득 찬 느낌.
예 밥을 다 먹고 나자 포만감이 느껴졌다.

삼겹살을 배부르게 먹고 난
공주들은 '포만감'이 밀려오는 것을
느꼈단다. 포만감은 음식 따위를 배부르게
먹어 배가 가득 찬 느낌을 뜻해.

아~ 잘 먹었다! 아주 기분 좋은 포만감이야~ ♪

어유, 모두들 아주 뿌듯해 보여!

쏙쏙 문제

빈칸에 알맞은 낱말을 〈보기〉에서 골라 써 보세요.   〈보기〉 포식, 포화, 포만감

• 한 상 가득 차려진 음식을 먹고 나니 ❶ ◯◯◯ 이 밀려왔어요.

• 음식을 지나치게 ❷ ◯◯ 하고 배탈이 났어요.

• 서랍에 물건이 가득 차 ❸ ◯◯ 상태가 되었어요.

화할 화 和　풀 해 解

화해

낱·교 싸움을 멈추고 화합하여【和】 서로 품었던 나쁜 마음을 풀어【解】 없애는 것.

예 너희들 이제 그만 화해해라.

식사를 마친 공주들은 그동안의 안부를 물어보며 대화를 나누었어.
가장 놀라운 소식은 백설 공주가 왕비랑 '화해'한 사건이었지.
싸움을 멈추고 서로 품었던 나쁜 마음을 풀어 없애는 것을 화해라고 한단다.

따뜻할 온 溫　화할 화 和

온화

낱·교 날씨 또는 성격이 따뜻하고【溫】 부드러움【和】

예 자상한 우리 아버지는 온화한 성품으로 소문났어요.

한편 아직 짝을 찾지 못한 인어 공주에게 엄지 공주가 사진을 한 장 내밀었어.
'온화'한 성격이라는 말에 인어 공주의 귀가 솔깃한 것도 잠깐뿐이었어.
사진의 주인공은 바로 개구리 왕자였거든. 온화는 날씨나 성격이 따뜻하고 부드러운 것을 뜻해.

화할 화 和　친할 목 睦

화목

낱 서로 뜻이 맞고【和】 정다움【睦】

교 가족이나 이웃끼리 서로 돕고 사이좋게 지내는 것.

예 화목한 우리 집은 늘 웃음꽃이 핀답니다.

어느덧 밤이 되어 공주들의 정겹고 '화목'한 파티가 끝났단다.
화목은 가족이나 이웃끼리 서로 돕고 사이좋게 지내는 것을 말해.
공주들은 다음 파티를 약속하며 각자의 궁궐로 돌아갔어.

빈칸에 알맞은 낱말을 <보기>에서 골라 써 보세요.　<보기> 화목, 온화, 화해

• 한국의 4월은 날씨가 무척 ❶　　　합니다.

• 아빠는 늘 가정이 ❷　　　해야 모든 일이 잘되는 법이라고 강조해요.

• 우리는 한 번 다투었다가 ❸　　　한 뒤로 반에서 둘도 없는 단짝이 되었어요.

한자의 뜻과 유래에 대한 설명을 읽고, 한자를 익혀 보세요.

飽 [3급]

배부를 포

총 14획 | 부수 食, 5획

쑥개떡과 함께 인절미 할머니의
집에 놀러 간 초코는 한국식 밥이
너무 맛있었어. 몇 공기를
뚝딱 해치웠더니 마치 밥【食】이
배를 싸고【包】 있는 것처럼
배불렀단다【飽】.

한자 암기 카드

① 밥【食】이 배를

② 쌀【包】 정도로 배부르니

밥【食】이 배를 쌀【包】 정도로 배부르니,
배부를 포.

食 + 包 = 飽

밥 식   쌀 포   배부를 포

❶ 食은 '食(밥 식, 먹을 식)'이 부수로 쓰일 때의 모양.

食 [7급]

밥, 먹을 식

총 9획 | 부수 食

사람【人】은 몸에 좋은【良】밥을 먹으니, 밥 식, 먹을 식(食).

밥을 잘 먹는 초코가 맘에 쏙 든
인절미 할머니는 사람【人】은
몸에 좋은【良】 밥【食】을 먹어야【食】 하는 거라며
초코의 밥숟가락에 손수 김치까지
얹어 주었단다.

'한자 암기 카드'를 보고 빈칸에 들어갈 말을 써 보세요.

❶ ◯ 【食】이 배를 ❷ ◯ 【包】 정도로 배부르니, 배부를 포(飽).

飽의 뜻은 배 부 르 다 이고, 음은 ❸ ◯ 입니다.

- -

飽의 어원을 생각하면서 필순에 따라 써 보세요.

飽 飽 飽 飽 飽 飽 飽 飽 飽 飽 飽 飽 飽 飽

飽　飽　飽　飽　飽

다지기

제 1 일차

1 아래 문장의 빈칸에 들어갈 낱말을 글자 우산에서 찾아 바른 순서대로 쓰세요.

❶ 가족이나 이웃끼리 서로 돕고 사이좋게 지내는 것을 ⬤⬤ 이라고 해요.

❷ 더 들어갈 수 없게 가득 찬 것을 ⬤⬤ 라고 해요.

❸ 싸움을 멈추고 나쁜 마음을 풀어 없애는 것을 ⬤⬤ 라고 해요.

❹ 날씨 또는 성격이 따뜻하고 부드러운 것을 ⬤⬤ 라고 해요.

화   화   포   온

해   화   화   목

2 〈보기〉에서 설명하는 한자를 빈칸에 각각 쓰세요.

〈보기〉 ❶ 사람은 몸에 좋은 밥을 먹으니, 밥 식, 먹을 식.

❷ 밥이 배를 쌀 정도로 배부르니, 배부를 포.

❶

良
人

❷

倉
包

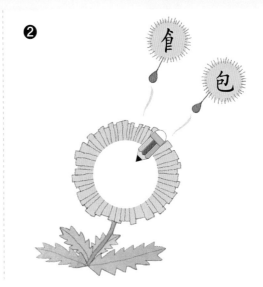

💡 바깥쪽에 있는
글자들을 합치면
한자의 모양을
알 수 있어요.

하경이는 오늘 학교에서 어린이 돕기 자선 단체의 대표를 맡고 계신 분의
특별 초청 강연을 들었어. 강사 분은 수염이 덥수룩한 인자한 할아버지셨단다.
할아버지는 자선 단체를 만들기까지 당신이 '경험'한 이야기들을 들려주셨어.
실제로 겪거나 해 보는 것, 혹은 거기서 얻은 지식이나 능력을 경험이라고 해.

지날 경經   증험할 험驗

경험

교▶ 실제로 겪거나 해 보는 것. 또는 거기서 얻은
지식이나 능력.
예▶ 경험이 풍부한 사람을 뽑기로 했어요.

다스릴 경經   경영할 영營

경영

교▶ 회사, 상점, 공장 등을 꾸려 가는 것.
예▶ 작은아버지는 조그만 회사를 경영하신다.

할아버지는 자선 단체를 만들기 전까지 과자 회사를 '경영'하셨다고 해.
기업이나 사업을 관리하고 꾸려 가는 것을 경영이라고 한단다.
또는 기초를 닦고 계획을 세워 어떤 일을 해 나가는 것을 말하기도 해.
병원, 은행, 학교, 나랏일 등을 꾸려 가는 것도 경영이라고 하지.

지날 경經   쓸 비費

경비

교▶ 어떤 일을 하는 데 드는 비용.
예▶ 여행 경비를 마련하기 위해 돼지 저금통을 깼어요.

자선 단체를 만드는 데 들어간 '경비'는 모두 할아버지가 과자 회사를
경영하면서 번 돈으로 마련하셨어. 어떤 일을 하는 데 드는 비용을 경비라고 해.
행사를 할 때 드는 비용은 행사 경비, 공사를 할 때 드는 비용은 공사 경비란다.

 쏙쏙 문제

빈칸에 알맞은 낱말을 〈보기〉에서 골라 써 보세요.   〈보기〉 경험, 경비, 경영

• 체육 대회에 드는 모든 ❶⬜⬜는 사장님께서 대 주시기로 했어요.

• 이번 여행에서는 산과 바다를 두루 다니며 재미있는 ❷⬜⬜을 많이 했어요.

• 이 회사는 작년부터 외국인 사장이 맡아서 ❸⬜⬜하고 있어요.

제2일차

경영할 **영**營 이로울 **리**利

영리

- 낱 어떤 일을 경영해서【營】이익【利】을 냄.
- 교 돈을 벌어 이익을 내는 것.
- 예 이 신문은 영리를 목적으로 내는 것이 아닙니다.

할아버지는 과자 회사를 경영해
나갈 때에도 '영리'만을 목적으로
하신 게 아니었어.
돈을 벌어 이익을 내는 것을 영리라고 해.

영양 가득한 재료로 만든 도넛이에요!

성금을 마련한다고? 영리를 목적으로 하는 게 아니라니, 내가 모두 사 주마!

지을 **영**營 양분 **양**養

영양

- 교 생물이 살아가는 데 필요한 물질. 또는 그것을 몸에 가지고 있는 상태.
- 예 밥이야말로 영양이 넘치는 보약이지.

과자 회사의 1등 고객은 바로 어린이들이라는 생각을 가지고
할아버지는 '영양'이 듬뿍 담긴 과자를 만드는 데 많은 돈을 쓰셨어.
영양은 생물이 살아가는 데 필요한 물질을 뜻해. 또는 그것을 몸에
가지고 있는 상태를 말하기도 하지.

나라 **국**國 경영할 **영**營

국영

- 낱교 나라【國】에서 경영함【營】.
- 예 고속도로 건설은 국영 사업 가운데 하나이다.

할아버지의 이런 좋은 생각은 시간이 흐르며
점차 퍼져 나가 나라를 경영하는 사람들에게도 알려졌어.
그래서 내년부터는 할아버지의 자선 단체가
'민영'이 아닌 '국영'으로 바뀐단다.
나라에서 경영하는 것을 국영이라고 하고,
공무원이나 정부가 아닌 보통 사람이 맡아
경영하는 것을 민영이라고 해.

국영 방송국에서 방금 녹화를 마친 가래떡 씨, 주먹밥을 먹으며 민영 방송국으로 이동 중입니다!

백성 **민**民 경영할 **영**營

민영

- 낱 정부가 아닌 민간인【民】이 경영함【營】.
- 교 공무원, 군인 따위가 아닌 보통 사람이 맡아 꾸리는 것.
- 예 이 주택은 민영 기업에서 세운 것입니다.

쏙쏙 문제

빈칸에 알맞은 낱말을 〈보기〉에서 골라 써 보세요.   〈보기〉 영양, 영리, 국영

- 엄마는 우리 가족의 건강을 위해 ❶   을 골고루 갖춘 요리를 해 주신답니다.
- 이번 행사는 회사의 ❷   를 꾀하기 위해 추진하는 일입니다.
- 러시아에는 나라에서 경영하는 ❸   백화점이 있어요.

營 ^{4급}

경영할 영

총 17획 | 부수 火, 13획

옛날에 나라를 다스리고 경영하는 왕이 사는
궁궐은 밤이 되면 커다란 햇불을 세워 불을 밝혔단다.
햇불【炏】을 밝힌 궁궐【宮】에서 임금이
나랏일을 경영하니, '경영할 영(營)'이야.

① 햇불【炏】을 밝힌

② 궁궐【宮】에서 나랏일을 경영하니

햇불【炏】을 밝힌 궁궐【宮】에서 나랏일을
경영하니, 경영할 영.

炏 + 宮 = 營

(햇불 모양) (궁궐) 경영할 영

❶ 炏는 여기서 '햇불 모양'을 나타냄.
❷ 宮은 여기서 '궁궐 궁(宮)'의 변형된 모양.

들 야 野   경영할 영 營

야 영

뜻 놀거나 훈련을 하려고 야외에서 천막을 치고 하는 생활.
예 친구들과 학교 운동장에서 야영을 했다.

아니, 야영하러 오면서
텐트만 쏙 빼고
짐을 쌌단 말이야?

여름에 바닷가나 계곡에서 텐트를 치고 야영을 하면
김치만 있어도 밥맛이 꿀맛이지.
놀거나 훈련을 하려고 야외에서 천막을 치고 하는 생활을 '야영'이라고 한다.

'한자 암기카드'를 보고 빈칸에 들어갈 말을 써 보세요.

❶ ○○【炏】을 밝힌 ❷ ○○【宮】에서 나랏일을 경영하니, 경영할 영(營).

營 의 뜻은 경 영 하 다 이고, 음은 ❸ ○ 입니다.

營의 어원을 생각하면서 필순에 따라 써 보세요.

營	營	營	營	營	營	營	營	營	營	營	營	營	營	營	營	營

營	營	營	營	營			

제 2 일차

1 ❶~❹의 뜻을 가진 낱말이 되도록 거미 등의 빈칸에 알맞은 글자를 쓰세요.

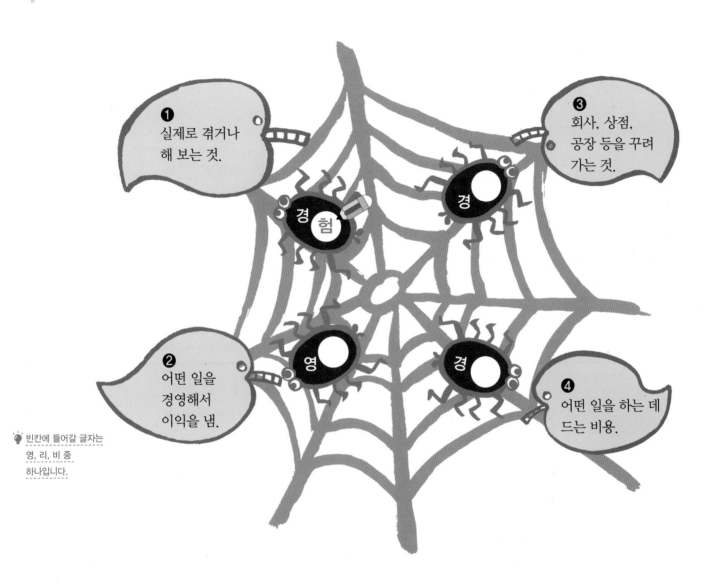

❶ 실제로 겪거나 해 보는 것.

❸ 회사, 상점, 공장 등을 꾸려 가는 것.

❷ 어떤 일을 경영해서 이익을 냄.

❹ 어떤 일을 하는 데 드는 비용.

💡 빈칸에 들어갈 글자는 영, 리, 비 중 하나입니다.

2 〈보기〉의 한자를 완성하려면 어떤 글자 조각이 필요한지 ❶~❹에서 고르세요.

〈보기〉 횃불을 밝힌 궁궐에서 나랏일을 경영하니, 경영할 영.

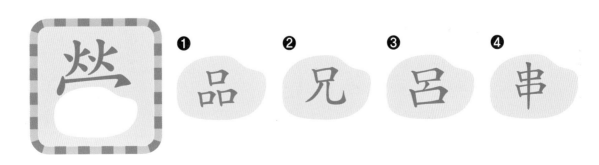

❶ 品   ❷ 兄   ❸ 呂   ❹ 串

원숭이도 나무에서 떨어진다

숨어 있는 달인을 찾아서!

오늘 소개해 드릴 달인은 "썰기의 달인" 가래떡 아줌마!!

오, 손이 보이지 않는 가래떡 썰기! 두께가 자로 잰 듯 정확합니다.

따딱

더군다나 꽃 모양, 별 모양, 별의별 모양으로 썰렸군요!

불을 끄고 떡을 썰어도 크기가 똑같다니까.

엄마, 파이팅!

썰기라면 따라올 자가 없겠군요!

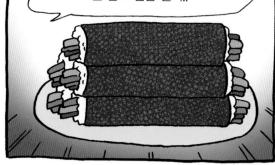

여기서 달인에게 주는 도전 과제, 눈 감고 김밥 썰기!!

과연 성공할 수 있을까요?

도 전!!

따다

다딱~

오오~
이게 어떻게 된 걸까요?!

두께가 들쭉날쭉, 어떤 건 너무 크고,
어떤 건 너무 작습니다!

달인의 도전,
안타깝게도 실패로군요!!

'원숭이도 나무에서
떨어진다'더니,
이런 실수를 하시네요.

'원숭이도 나무에서 떨어진다.'는 아
무리 익숙하게 잘하는 사람이라도 간
혹 실수할 때가 있음을 비유적으로
이르는 속담이야.

어맛!

실수라니, 김밥은 큰 것과
중간 것, 작은 것, 이 3가지 크기로
정확히 나눠 썰었다고.

작게 썬 것은
비만으로 뚱뚱한 사회자 양반 것!

중간 것은 내 것,

큰 것은 한창 성장기인
아들, 석봉이 것!!

고과서 학습 어휘 08

국어　수학　사회　과학　도덕　음미체

돋보기 심혈 · 성충

◑ 글 속의 주황색 낱말들은 무슨 뜻일까요? 잘 생각하면서 다음 글을 읽어 보세요.

우리 집 옥상에는 자그마한 온실이 있어요.

화초나 채소를 기르는 것이 엄마의 취미 생활이거든요.

물론 우리 집 식탁에 오르는 모든 야채는 여기서 재배되지요.

온실에서 바로 뜯은 싱싱한 상추로 옥상에서 고기 파티를 하기도 해요.

취미 생활이라고는 하지만 엄마의 식물 재배 솜씨는 전문가 수준이에요.

맨드라미의 가지에 선인장의 눈을 따다 붙여 화초 잎의 무늬를 바꾸는 등

심혈을 기울여 화초들을 가꾼답니다.

얼마 전, 온실에 날아든 호랑나비 한 마리가 화초 잎에 살포시 알을 낳고 갔어요.

엄마가 내게 알에서 나온 호랑나비 애벌레를 보여 줬어요.

잎을 갉아 먹으며 꼬물거리는 이 초록 벌레가 자라서

나비가 된다니 상상이 되지 않았어요.

닷새가 지난 뒤였어요. 애벌레가 잘 자라는지 보러 갔더니

글쎄 온몸이 딱딱하게 변해 있었어요. 엄마는 나비의 성충이 되기 위한

마지막 준비를 하려고 번데기가 된 거라고 했어요.

난 매일매일 온실에 가서 호랑나비 번데기가 잘 지내는지 확인했어요.

열흘 정도가 지난 어느 날이었어요. 학교에서 돌아온 내 앞으로 얼룩무늬

날개를 뽐내며 호랑나비 한 마리가 포르르 날아왔어요.

반가워, 호랑나비야!

◑ 빈칸에 알맞은 낱말을 왼쪽 글의 주황색 낱말 중에서 찾아 써 보세요.
잘 모를 땐 💡를 보거나, ❶~❸에서 골라 쓰세요.

1 외할머니 댁의 〔온실〕에서 딸기를 한 아름 따 왔어요.

💡 풀이나 나무가 추운 날씨에도 잘 자랄 수 있도록 안이 늘 따뜻하게 만든 방을 말해요.

❶ 온탕　　　　　　❷ 온돌　　　　　　❸ 온실

2 삼촌은 몇 년간의 시도 끝에 새로운 품종의 버섯 〔　　〕에 성공했어요.

💡 풀이나 나무를 심어 가꾸는 것을 가리켜요.

❶ 재배　　　　　　❷ 재롱　　　　　　❸ 재판

3 이 도자기는 우리 이모가 〔　　〕을 기울여 만든 작품이에요.

💡 몸과 마음을 다 합친 힘을 뜻해요.

❶ 심통　　　　　　❷ 심혈　　　　　　❸ 심술

4 〔　　　〕의 겉에 있는 눈 모양은 몸을 보호하기 위한 무늬예요.

💡 알에서 깬 뒤 아직 다 자라지 않은 벌레를 가리켜요.

❶ 애호박　　　　　❷ 애벌레　　　　　❸ 애송이

5 〔　　　〕 속에서 애벌레의 몸에 날개가 생기며 성충의 몸으로 바뀌어요.

💡 곤충의 애벌레가 한동안 고치 같은 것의 속에 가만히 들어 있는 몸을 말해요.

❶ 번화가　　　　　❷ 번호표　　　　　❸ 번데기

6 하루살이 〔　　〕의 수명은 몇 시간밖에 되지 않는답니다.

💡 다 자라서 자기와 닮은 생물을 새로 태어나게 할 능력이 있는 곤충을 뜻해요.

❶ 성충　　　　　　❷ 성깔　　　　　　❸ 성게

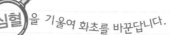

'백의의 천사' 혹은 '등불의 천사'라는 별명으로 유명한 간호사,
나이팅게일의 이름을 들어 본 적이 있을 거야. 밤에도 등불을 들고 간호하는
모습이 마치 천사 같다고 해서 그런 별명이 붙었어.
나이팅게일은 낮밤을 가리지 않고 '심혈'을 기울여 전쟁에서
부상당한 사람들을 치료했단다.

마음 심 心   피 혈 血

심혈

낱, 심장[心]의 피[血]
교, 몸과 마음을 다 합친 힘.
예, 아빠가 2년 동안 심혈을 기울인 발명품이 완성되었어요.

믿을 신 信   생각 념 念

신념

낱, 굳게 믿어【信】변하지 않는 생각【念】
교, 어떤 일을 이룰 수 있다고 믿는 마음.
예, 굳은 신념을 지키다.

17살 때 가난하고 병든 사람들을 위해 일하기로 결심한
나이팅게일은 간호사가 된 후 죽을 때까지
이 '신념'을 버리지 않았어.
굳게 믿어 변하지 않는 생각을 신념이라고 한단다.

나이팅게일.

불사를 치 熾   세찰 렬 烈

치열

낱, 세력이 불을 사르는【熾】것처럼 세참【烈】
교, 기세나 분위기가 몹시 뜨겁고 거셈.
예, 두 선수 모두 최선을 다해 치열한 경기를 펼쳤다.

그곳이 목숨이 오가는 '치열'한 전쟁터라고 해도 나이팅게일은 주저함 없이
달려가서 간호를 했단다. 치열은 기세나 분위기가 몹시 뜨겁고
거센 것을 뜻해. 이런 나이팅게일의 정신을 기려 지금도
간호사가 되려는 사람들은 〈나이팅게일 선서〉라는 것을 한단다.

 쏙쏙 문제

빈칸에 알맞은 낱말을 〈보기〉에서 골라 써 보세요.   〈보기〉 심혈, 치열, 신념

• 이번에 당선된 대통령은 굳은 ❶◯◯ 을 가진 사람입니다.

• 해를 더할수록 공무원 시험의 경쟁이 ❷◯◯ 해지고 있어요.

• 평생 동안 ❸◯◯ 을 바친 할아버지의 연구가 드디어 논문으로 발표되었어요.

다음 글을 보며 '혈(血)'이 사용된 낱말들을 알아보자.

"엄마 아빠랑 나랑 왜 혈액형이 달라요?" 형이 우당탕탕 집으로 들어오며 외쳤어요. 헌혈을 하다가 알게 된 형의 혈액형은 O형인데, 엄마는 A형, 아빠는 B형이거든요. 엄마는 혈연관계라고 해도 다른 혈액형이 나올 수 있다며 백과사전을 펼쳐 놓고 형에게 차근차근 설명해 줬어요. 형, 나도 O형인 거 몰랐어?

피 혈 血   진 액 液   모형 형 型

혈 액 형

낱▸ 혈액(血液)의 유형【型】.
교▸ 사람의 피를 종류별로 나눈 것.
예▸ 혈액형을 나누는 방법에는 여러 가지가 있어요.

사람의 피를 종류별로 나눈 것, 즉 혈액(血液)의 유형【型】을 혈액형이라고 해. 'B형 남자친구', 'O형은 성격이 활달해.' 등에서 나오는 B형, O형 등의 낱말은 모두 '혈액형'을 나눈 이름들이란다.

너희, 혈액형이 뭐야? 내게 피를 줘~!

까아~! 드라큘라다! 헌혈하라는 건가요? 혈액형 몰라요!

바칠 헌 獻   피 혈 血

헌 혈

낱▸ 다른 사람에게 주려고 자기 피【血】를 바침【獻】.
교▸ 피가 모자라는 환자가 치료받을 수 있게 건강한 사람의 피를 뽑는 것.
예▸ 건강한 사람은 가끔 헌혈해도 괜찮대.

사고나 병으로 인해 피가 모자라는 사람이 치료받을 수 있도록 건강한 사람의 피를 뽑는 것을 '헌혈'이라고 말하지. 피【血】를 바친다【獻】는 뜻이야.

피 혈 血   인연 연 緣

혈 연

낱▸ 같은 핏줄【血】로 이어진 인연【緣】.
교▸ 한 조상의 피를 이어받아 연결된 인연.
예▸ 부모님과 우리는 혈연관계이다.

부모, 자식, 형제, 자매, 자손처럼 같은 핏줄【血】로 이어진 인연【緣】을 '혈연'이라고 해. 한 조상의 피를 이어받아 연결되어 있다는 뜻이란다.

쏙쏙 문제

빈칸에 알맞은 낱말을 〈보기〉에서 골라 써 보세요.   〈보기〉 헌혈, 혈액형, 혈연

• 대형 사고 부상자들을 도와 달라는 방송이 나간 뒤 병원은 ❶   하려는 사람들로 붐볐어요.

• 할아버지와 나는 같은 핏줄로 이어진 ❷   관계입니다.

• 가족이라고 해도 ❸   은 저마다 다를 수 있답니다.

준 4급

血

피 혈

총 6획 | 부수 血

옛날에는 제사를 지낼 때 짐승의 피를 그릇에 담아 신에게 바치며 맹세했어. 피 한 방울【丿】이 그릇【皿】에 떨어진 모양을 본떠서, '피 혈(血)'이란다.

한자 암기카드

❶ 피 한 방울【丿】이

❷ 그릇【皿】에 떨어진 모양을 본떠서

피 한 방울【丿】이 그릇【皿】에 떨어진 모양을 본떠서, 피 혈.

丿 + 皿 = 血

(피 한 방울 모양)　그릇 명　피 혈

새 조 鳥　발 족 足　~의 지 之　피 혈 血

조족지혈

발 새【鳥】발【足】의【之】피【血】.

교 매우 적은 양.

예 전체를 생각하면 이 정도는 조족지혈에 지나지 않아요.

새 발의 피라는 뜻으로 매우 적은 양을 말한단다. 새의 발은 대부분 가죽이기 때문에 찔러도 피가 거의 나오지 않는 데서 유래한 말이지. 양이 너무 적어 보잘것없거나 영향을 미치지 못한다는 뜻으로 쓰이기도 해.

우아, 온 천지에 사과구나!

한두 개쯤이야 조족지혈이겠지?

'한자 암기카드'를 보고 빈칸에 들어갈 말을 써 보세요.

❶ ◯◯◯◯【丿】이 ❷ ◯◯【皿】에 떨어진 모양을 본떠서, 피 혈(血).

血의 뜻은 피 이고, 음은 ❸◯ 입니다.

血의 어원을 생각하면서 필순에 따라 써 보세요.

血 血 血 血 血 血						
血	血	血	血	血		

다지기

제3일차

1 　　 의 뜻에 알맞은 낱말을 찾고 길을 따라가 만나는 친구에게 ⬭ 표 하세요.

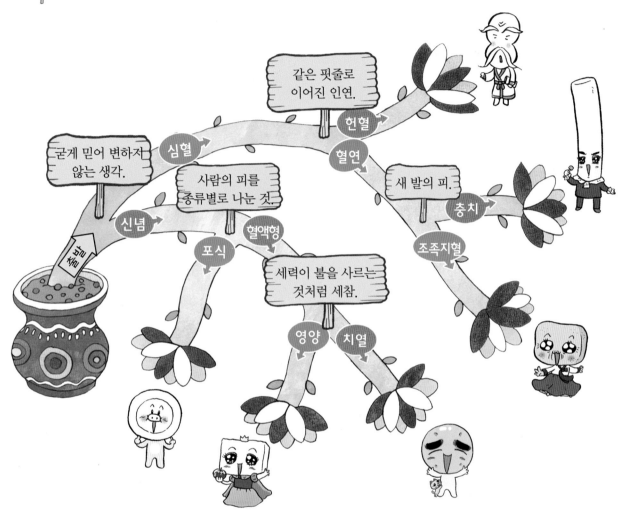

같은 핏줄로
이어진 인연.

헌혈

심혈

혈연

굳게 믿어 변하지
않는 생각.

새 발의 피.

사람의 피를
종류별로 나눈 것.

충치

신념

혈액형

포식

조족지혈

세력이 불을 사르는
것처럼 세참.

영양 치열

2 왼쪽에 음뜻이 주어진 한자를 오른쪽 빈칸에 쓰세요.

💡 구름 속 글자들을
더하면 한자의 모양을
알 수 있어요.

ノ
皿

피 한 방울이 그릇에 떨어진 모양을 본떠서, 피 혈.

피 혈

나비의 한살이

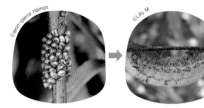
나비의 알.

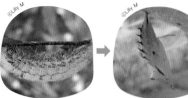
애벌레.

번데기.

나비 성충.

사람이 아기로 태어나 어른으로 자라나듯 벌레들도 아기벌레에서 어른벌레로 성장한단다.
다 자란 어른을 성인(成人)이라고 하듯이 다 자란 어른벌레를 '성충(成蟲)'이라고 하지.

이룰 성 成   벌레 충 蟲

성충

낱 다 자란【成】 벌레【蟲】.
교 애벌레가 다 자라서 된 어른벌레.
예 알에서 깨어나 성충이 되기까지의 시간은 벌레마다 달라요.

여러 곤 昆   벌레 충 蟲

곤충

낱 여러【昆】 가지 벌레【蟲】.
교 몸에 마디가 많고 다리가 6개인 벌레를 통틀어 이르는 말.

잠자리, 나비, 초파리, 매미 등의 '곤충'은 암컷과 수컷이 만나 짝짓기를 해서 알을 낳는단다. 몸에 마디가 많고 다리가 6개인 벌레를 통틀어서 곤충이라고 해.
거미는 곤충처럼 생겼지만 다리가 8개라서 곤충이 아니란다.

예 곤충의 몸은 머리, 가슴, 배의 세 부분으로 나뉩니다.

알에서 깨어나 아직 성충이 되지 않은 어린【幼】 벌레【蟲】를 '유충' 또는 애벌레라고 해. 애벌레는 허물을 벗을 때마다 몸이 점점 커지며 번데기로 바뀌어 가지. 곤충이 자라면서 벗는 껍질이 허물이야.
번데기는 먹지도 않고 움직이지도 않으면서 몸 안에서 눈과 다리, 날개 등을 만들지. 번데기는 다시 허물을 벗고 어른벌레가 되는 거야. 이렇게 알에서 유충으로, 번데기로, 성충으로 곤충의 모습이 변하는 것을 '변태'라고 한단다.

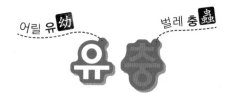

어릴 유 幼   벌레 충 蟲

유충

낱 어린【幼】 벌레【蟲】.
교 알에서 깨어나 아직 성충이 되지 않은 벌레. 애벌레.
예 알에서 깨어난 유충은 먹이를 먹으며 자랍니다.

쏙쏙 문제

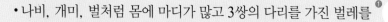

빈칸에 알맞은 낱말을 〈보기〉에서 골라 써 보세요.

〈보기〉 유충, 곤충, 성충

• 나비, 개미, 벌처럼 몸에 마디가 많고 3쌍의 다리를 가진 벌레를 ❶◯◯이라고 해요.

• 애벌레가 다 자란 어른벌레를 ❷◯◯이라고 해요.

• 알에서 깨어나 아직 다 자라지 않은 어린 벌레를 ❸◯◯이라고 해요.

제4일차

이 신기한 벌레는 뭐지? 해충? 기생충?

벌레 가운데는 나비나 벌처럼 이로운 벌레도 있지만
농작물이나 가축에게 해【害】를 끼치는 벌레【蟲】도 있어.

해로울 **해【害】**   벌레 **충【蟲】**

해 충

낱·교 사람, 가축, 농작물에 피해【害】를 주는 벌레【蟲】.
예 농작물이 해충에 시달리지 않도록 농약을 뿌렸다.

의지할 **기【寄】**   살 **생【生】**   벌레 **충【蟲】**

기 생 충

낱 다른 동물에게 의지하여【寄】 사는【生】 벌레【蟲】.
교 ❶ 다른 동물 몸의 영양분을 빨아먹고 사는 벌레.
　 ❷ 노력하지 않고 남에게 덧붙어서 살아가는 사람을 비유적으로 이르는 말.
예 우리 집 강아지에게 기생충 예방 주사를 맞혔어요.

우리를 태워다 준다니까
이로운 벌레인데! 해충도
기생충도 아닌가 봐!

다른 동물에게 달라붙어 영양분을 빨아먹고 사는 벌레가 '기생충'이야.
스스로 영양분을 마련하지 못하고 다른 동물에게 의지하여【寄】 사는【生】 벌레【蟲】란다.

벌레 **충【蟲】**   이 **치【齒】**

충 치

낱·교 벌레【蟲】가 파먹은 것처럼 상한 이【齒】.
예 오늘 치과에서 충치를 뽑았어요.

충치를 예방하려면 쑥개떡처럼
열심히 양치질을 해야 해요.

'충치'란 벌레【蟲】가 먹은 치아(齒牙)라는 뜻이야.
충치의 모양이 마치 벌레가 먹은 것처럼 보이기 때문이지.
〈충치 예방 333〉이라고 들어 봤니? 하루 3번, 밥 먹고 3분 안에,
3분 이상 양치질을 하면 '충치여 안녕!'이란다.

쏙쏙 문제

빈칸에 알맞은 낱말을 〈보기〉에서 골라 써 보세요.

〈보기〉 충치, 기생충, 해충

• 사람의 생활에 해를 끼치는 벌레를 ❶　　　　　이라고 해요.

• 스스로 영양분을 마련하지 못해 다른 동물에게 의지하여 사는 벌레를 ❷　　　　　이라고 해요.

• 하루 세 번 식사를 하고 난 후 양치질을 하면 ❸　　　　　를 예방할 수 있어요.

成 _{6급}

이룰 성

총 7획 | 부수 戈, 3획

옛날에는 농사를 잘 짓는 것이 모든 일을 잘 이루는【成】바탕이
되었어. 또한 기름진 논밭이 재산을 이루기도【成】했단다.
농부는 고무래【丁】로 힘껏 땅을 일구어 곡식이 무성한【戊】
논밭을 이루었어. 고무래는 논밭의 흙을 고르거나
곡식을 긁어모을 때 쓰는 농기구란다.

밭을 가는 모습.

한자 암기카드

고무래.

❶ 고무래【丁】로 땅을 일구어
❷ 곡식이 무성한【戊】논밭을 이루니

고무래【丁】로 땅을 일구어 곡식이
무성한【戊】논밭을 이루니, 이룰 성.

丁 + 戊 = 成
고무래 정   무성할 무   이룰 성

❶ 丁은 여기서 '丁(고무래 정)'이 변한 모습.

盛 _{준4급}

성할 성

총 12획 | 부수 皿, 7획

이루어진【成】음식을 그릇【皿】에 많이 담으면 성대하니, 성할 성(盛).
'이룰 성(成)'과 '그릇 명(皿)'이 합해진 글자야.
성대한【盛】잔치에서 빼놓을 수 없는 것이 음식이지.
이루어진【成】음식을 그릇【皿】에 많이 담으면
성대하니, 성할 성(盛)이야.

와~, 성대한 상차림!

음식이 풍성해요!

넉넉할 풍 豊   성할 성 盛

풍성

밭교 아주 넉넉하고【豊】매우 많음【盛】
예 가을에는 곡식과 과일이 풍성하다.

'한자 암기카드'를 보고 빈칸에 들어갈 말을 써 보세요.

❶ ◯◯◯◯【丁】로 땅을 일구어 곡식이 ❷ ◯◯◯◯【戊】논밭을 이루니, 이룰 성(成).

成의 뜻은 | 이 | 루 | 다 | 이고, 음은 ❸◯ 입니다.

成의 어원을 생각하면서 필순에 따라 써 보세요.

成 成 成 成 成 成 成

| 成 | 成 | 成 | 成 | 成 | | |

다지기

1 ❶∼❸에서 사다리를 타면 같은 색의 빈칸이 나와요.

❶∼❸의 뜻에 맞는 낱말이 되도록 빈칸에 알맞은 글자를 쓰세요.

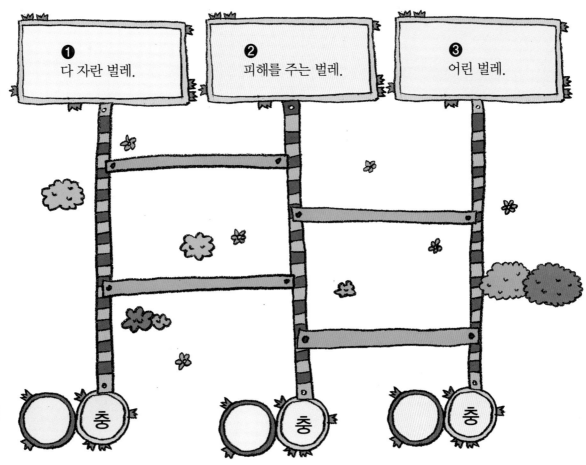

❶ 다 자란 벌레.

❷ 피해를 주는 벌레.

❸ 어린 벌레.

충

충

충

💡 사다리 타기가 어려우면 같은 색의 빈칸을 찾아가세요.

2 양쪽 한자에 공통으로 들어 있는 글자를 ❶∼❹에서 고르세요.

❶ 星 ❷ 戊 ❸ 斤 ❹ 店

이룰 성

성할 성

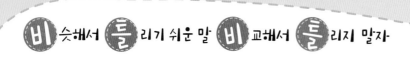

8월 23일 일요일

'며칠'이라고 쓰는 게 맞아.   '않았다'라고 써야 해.

개학이 (며칠) 남지 (안았다) 그런데 방학 숙제를 제대로 하지

'않아서'라고 쓰렴.

(안아서) 엄마한테 혼났다. 이번 방학에는 숙제를 밀리지 않고

하기로 엄마랑 약속했는데……. 엄마는 화가 나서 나보고 손

들고 있으라고 하셨다. 벌을 받으면서 앞으로는 약속을 (반듯이)

'반드시'가 옳단다.

지키는 사람이 되어야겠다고 결심했다.

*이 글은 초등학교 3학년 어린이가 쓴 일기입니다.

약속은 '반드시' 지키고, 자세는 '반듯이' 하고

어떤 일을 틀림없이 꼭 해야 할 때에는
'반듯이'가 아니라 '반드시'라고 써야 해.
자기가 한 말은 '반드시' 지키고, 시간 약속도 '반드시' 지키는 게 좋아.
'반듯이'는 어떤 물체나 생각, 행동 따위가 기울거나 굽지 않고
바르게 있는 모양을 나타내는 말이야.

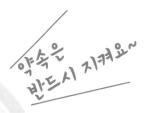

약속은
반드시 지켜요~

반드시
● 틀림없이 꼭.
예〉 반드시 시간에 맞추어
오너라.

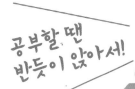

공부할 땐
반듯이 앉아서!

반듯이
● 작은 물체, 또는 생각이나 행동 따
위가 비뚤어지거나 기울거나 굽지
아니하고 바르게.
예〉 나는 의자에 반듯이 앉아 책을 읽었다.

1 돌담 안에 든 낱말 가운데 ❶~❸의 뜻에 맞는 낱말을 찾아 ◯로 묶고, 빈칸에 낱말을 쓰세요.

| 포 | 식 | 감 | 치 | 아 | 영 | 양 |
| 곤 | 변 | 풍 | 기 | 생 | 충 | 태 |

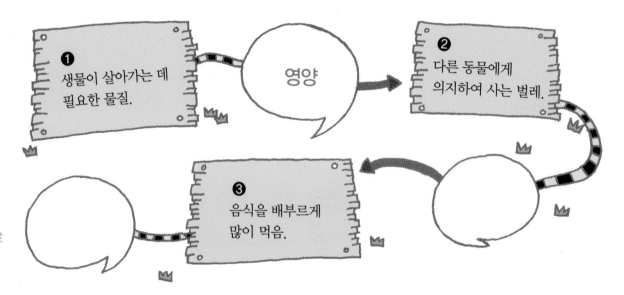

❶ 생물이 살아가는 데 필요한 물질.

영양

❷ 다른 동물에게 의지하여 사는 벌레.

❸ 음식을 배부르게 많이 먹음.

💡 나란히 붙어 있는 글자로 된 낱말이에요.

2 〈보기〉의 한자를 완성하려면 어떤 길로 가야 할지 알맞은 글자를 따라 선을 긋고, 완성된 한자를 빈칸에 쓰세요.

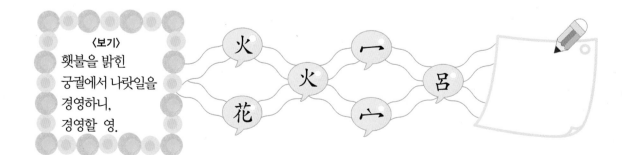

〈보기〉
횃불을 밝힌 궁궐에서 나랏일을 경영하니, 경영할 영.

火 火 宀
   火   呂
花   宀

제 5 일차

3

❶~❸에서 이어진 길을 따라가면 두 글자로 된 낱말이 완성됩니다.
그 낱말을 알맞은 뜻과 이으세요.

완성된 세 낱말은
포식, 헌혈, 야영입니다.

다른 사람에게
주려고 자기
피를 바침.

야외에서
천막을 치고
하는 생활.

음식을 배부르게
많이 먹음.

4

주어진 문장 속에 '식(食)'의 두 가지 뜻이 있어요. 두 가지 뜻을 찾아 ◯ 표 하고, 빈칸에 쓰세요.

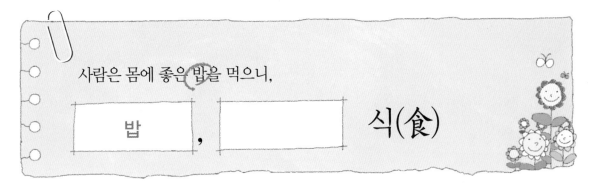

사람은 몸에 좋은 밥을 먹으니,

밥	

식(食)

1~5 다음 글을 읽고 물음에 답하세요.

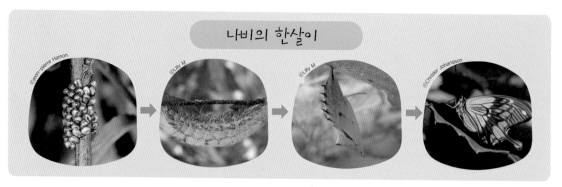

나비의 한살이

> ㉠잠자리나 나비, 초파리, 매미 따위의 벌레는 암컷과 수컷이 만나 짝짓기를 해서 알을 낳아요. 알에서 깨어난 어린 벌레를 애벌레 또는 ㉡유적이라고 해요. 애벌레는 허물이라는 껍질을 벗으며 (㉢)로 바뀌어 가요. (㉢)는 몸 안에서 눈과 다리, 날개 등을 만들고 난 뒤 다시 허물을 벗고 어른벌레가 되지요. 다 자란 어른벌레를 ㉣성충이라고 해요. 이렇게 잠자리나 나비의 모습이 알에서 애벌레로, (㉢)로, 어른벌레로 변하는 일을 '(㉤)'라고 한답니다.

1. ㉠과 같은 벌레를 통틀어서 가리키는 말을 고르세요. (   )
   ❶ 곤충　　　　❷ 송충이　　　　❸ 해충　　　　❹ 기생충　　　　❺ 식충

2. ㉡은 잘못 쓰인 것입니다. 고쳐 쓸 낱말을 고르세요. (   )
   ❶ 유연　　　　❷ 유골　　　　❸ 유작　　　　❹ 유품　　　　❺ 유충

3. ㉢에 들어갈 낱말을 세 글자로 쓰세요. (   )

4. ㉣의 한자로 바른 것을 고르세요. (   )
   ❶ 姓蟲　　　　❷ 星蟲　　　　❸ 成蟲　　　　❹ 省蟲　　　　❺ 性蟲

5. ㉤에 들어갈 알맞은 낱말을 고르세요. (   )
   ❶ 권태　　　　❷ 상태　　　　❸ 해태　　　　❹ 변태　　　　❺ 자태

제
5
일
차

6~7 〈보기〉의 뜻을 가진 낱말을 세 글자로 쓰세요.

6. 〈보기〉 사람의 피를 종류별로 나눈 것.

  (   )

7. 〈보기〉 음식 따위를 배부르게 먹어 배가 가득 찬 느낌.

  (   )

8. 밑줄 친 낱말 가운데 '경영할 영(營)'이 쓰이지 않은 낱말을 고르세요. (   )

   ❶ 학급 신문은 **영리**를 목적으로 내는 것이 아니에요.
   ❷ 내일부터 **수영**을 배우기로 했어요.
   ❸ 우리 학교 급식은 **영양**이 가득한 식단으로 구성되어 있어요.
   ❹ 이 건물은 **민영** 건축 회사에서 지은 것이에요.
   ❺ 우리 단체는 내년부터 **국영**으로 바뀔 예정이에요.

9. 서로 관계있는 것끼리 연결하세요.

   (1) 피 한 방울이 그릇에 떨어진 모양을 본떠서, 피 혈.   •   • 盛

   (2) 이루어진 음식을 그릇에 많이 담으면 성대하니, 성할 성. •   • 食

   (3) 사람은 몸에 좋은 밥을 먹으니, 밥 식, 먹을 식.   •   • 血

10. 서로 관계있는 것끼리 연결하세요.

   (1) 날씨나 성격이 따뜻하고 부드러운 것.   •   • 화해

   (2) 가족이나 이웃끼리 서로 돕고 사이좋게 지내는 것.   •   • 온화

   (3) 싸움을 멈추고 서로 품었던 나쁜 마음을 풀어 없애는 것. •   • 화목

하드웨어는
딱딱한 제품?

컴퓨터 좋아하니?

인터넷으로 모르는 것을 찾아볼 수 있고, 신나게 게임도 할 수 있고,

자신의 홈페이지를 만들어 친구끼리 대화도 나눌 수 있고… 정말 좋지?

컴퓨터를 사용하다 보면 하드웨어^{hardware}나 소프트웨어^{software}라는 말이 나와.

이런 말들은 무슨 뜻일까? 뒤에 붙은 웨어(**–ware**)라는 말은 원래 제품이라는 뜻이야.

그럼 하드웨어^{hardware}는 **hard**가 딱딱하다는 뜻이니까 딱딱한 제품인가?

하드웨어^{hardware}는 원래 쇠붙이(철물)라는 뜻인데

컴퓨터에서는 중앙 처리 장치(CPU)나 기억(메모리) 장치, 또는 입출력 장치와 같이

컴퓨터에 사용된 전자 장치나 기계 장치의 몸체 그 자체를 말해.

그러고 보니 전부 딱딱하긴 하네~!

hard 딱딱하다 + **ware** 제품 → **hardware** 하드웨어

그럼 소프트웨어^{software}는 뭐냐고?
물론 **soft**라는 말만 들어도 하드웨어하고는 반대의 뜻이라는 걸 알 수 있겠지?
소프트^{soft}는 부드럽다는 뜻이니까.
그럼 제품이라는 뜻의 **–ware**가 붙은 다른 말을 좀 더 알아보자.

soft**ware**

소프트웨어^{software}는 컴퓨터의
기계 장치인 하드웨어^{hardware}와 짝을
이루는 뜻이란다.
'컴퓨터 프로그램이나 그와 관련된
파일'을 통틀어 부르는 말이야.

©Linux-Leandro

silver**ware**

silver는 은이라는 뜻이니까
silverware는 '은으로 만든 제품'을
말해. 주로 집 안에서
쓰는 포크,
나이프, 스푼 같은
식탁용 은 제품을
뜻하지.

glass**ware**

glass는 유리니까 **glassware**는
'유리 제품'이라는 뜻이야.
주로 유리로 만든 접시나 컵, 병 등
유리 식기류를 통틀어 가리키는
말이야.

share**ware**

share가 나누어 쓴다는 뜻이니까
셰어웨어^{shareware}는 '누구나
자유롭게 사용할 수 있도록
공개되어 있는 소프트웨어^{software}'를
말해.

콕콕 정답

제1일차

05쪽 1. 수증기 2. 아름드리나무 3. 포화
　　　4. 어푸어푸 5. 기온 6. 경험
06쪽 ❶ 포만감 ❷ 포식 ❸ 포화
07쪽 ❶ 온화 ❷ 화목 ❸ 화해
08쪽 ❶ 밥 ❷ 쌀 ❸ 포

09쪽

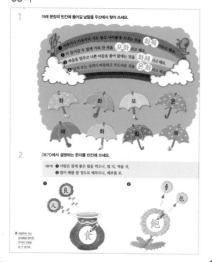

제2일차

10쪽 ❶ 경비 ❷ 경험 ❸ 경영
11쪽 ❶ 영양 ❷ 영리 ❸ 국영
12쪽 ❶ 햇불 ❷ 궁궐 ❸ 영

13쪽

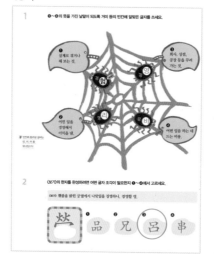

제3일차

17쪽 1. 온실 2. 재배 3. 심혈
　　　4. 애벌레 5. 번데기 6. 성충
18쪽 ❶ 신념 ❷ 치열 ❸ 심혈
19쪽 ❶ 헌혈 ❷ 혈연 ❸ 혈액형
20쪽 ❶ 피 한 방울 ❷ 그릇 ❸ 혈

21쪽

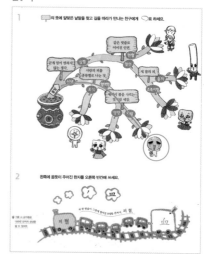

제4일차

22쪽 ❶ 곤충 ❷ 성충 ❸ 유충
23쪽 ❶ 해충 ❷ 기생충 ❸ 충치
24쪽 ❶ 고무래 ❷ 무성한 ❸ 성

25쪽

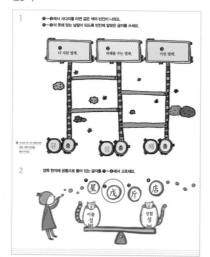

제5일차

도전! 어휘왕

28-29쪽

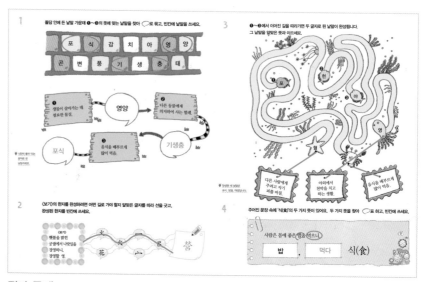

평가 문제

30-31쪽 1. ❶ 2. ❺ 3. 번데기 4. ❸ 5. ❹ 6. 혈액형 7. 포만감 8. ❷
　　　　 9. (1) 血 (2) 盛 (3) 食 10. (1) 온화 (2) 화목 (3) 화해

옛날부터 쓰인 농기구

농촌에 가면 모심는 기계, 곡식을 거두는 기계가 척척 일을 해.
옛날에는 소랑 사람이랑 여러 가지 농기구로 농사일을 했어.
지금은 많이 사라졌지만 모양도 다양하고
종류도 많은 옛 농기구들을 함께 알아볼까?

호미	논이나 밭에서 쓰는 대표적인 김매기 도구야. 쇠날 모양이 농작물이나 자연조건에 따라 조금씩 달라.
쟁기	논과 밭을 가는 데 쓰이는 농기구의 하나야. 소에 멍에를 걸어 쓰는데 소 한 마리로 끄는 쟁기를 호리, 두 마리로 끄는 쟁기를 겨리라고 해.
가래	흙을 떠 옮기거나 도랑을 치고 논둑을 만들 때 써. 긴 자루를 한 사람이 잡고 여러 사람이 가랫바닥의 구멍에 맨 밧줄을 당겨 흙을 파거나 멀리 던졌어.
장군	옹기나 나무로 만들어 물, 오줌, 똥 따위의 거름을 담아 나르던 거야. 볼록하게 나온 배 가운데에 좁은 아가리가 있었어.
낫	풀이나 벼 따위를 베거나 나뭇가지를 칠 때 썼어. ㄱ 자 모양으로 생겨서 '낫 놓고 ㄱ 자도 모른다'는 속담도 있어.
갈퀴	마른풀이나 나뭇잎, 검불 따위를 긁어모으는 데 썼어. 긴 막대기 끝에 대나 철사를 구부린 것을 달아서 만들었어.
지게	나무로 만든 운반 도구야. 나무나 곡식 따위의 짐을 실은 지게는 2개의 멜빵을 걸어 어깨에 메었어.
도리깨	보리, 콩, 팥 따위의 곡식 이삭을 두드려 알곡을 터는 도구야. 농촌에서 지금도 쓰고 있어.
키	곡식을 까불러서 쭉정이, 티끌, 검부러기 등의 불순물을 걸러 내는 데 쓰던 도구야. 옛날에 아이들이 밤사이에 오줌을 싸면 키를 씌우고 이웃집에 소금을 얻으러 보냈어.
절구	곡식을 찧거나 빻는 데 썼어. 주로 통나무나 돌 등의 속을 우묵하게 파서 만들었어. 절구에 찧은 쌀을 담고 절굿공이로 쿵덕쿵덕 찧으면 떡이 되었어.
맷돌	곡식을 가는 데 쓰는 기구로, 둥글넓적한 돌 두 짝을 포개고 윗돌 아가리에 곡식을 넣으면서 손잡이를 돌려서 갈아. 콩을 갈아 두부를 만들 때도 썼어.
작두	말과 소에게 먹일 콩깍지나 짚 따위를 썰던 도구야. 길쭉한 나무토막 위에 칼날을 달아서 만들었어.

마법의 상위권 어휘 스스로 평가표

01

다음 중 뜻을 자신 있게 말할 수 있는 낱말은 ○표, 알쏭달쏭한 낱말은 △표, 자신 없는 낱말은 ×표 하세요.

포화 (   )   경험 (   )   심혈 (   )   성충 (   )

02

다음 중 뜻과 음을 자신 있게 말할 수 있는 한자는 ○표, 알쏭달쏭한 한자는 △표, 자신 없는 한자는 ×표 하세요.

飽 (   )   營 (   )   血 (   )   成 (   )

03

〈평가 문제〉를 모두 풀고 정답을 확인해 보세요. 10문항 중 내가 맞힌 문항 수는 몇 개인가요?

❶ 9-10문항 (   )   ❷ 7-8문항 (   )   ❸ 5-6문항 (   )   ❹ 3-4문항 (   )   ❺ 1-2문항 (   )

| 부모님과 선생님께 |

위에서 어린이가 스스로 적은 내용을 보고, 어린이가 어려워하는 부분을 함께 보면서 어휘의 뜻과 쓰임을
이해할 수 있도록 해 주세요.